動画で早わかり！

「教科担任制」時代の

新しい

体育指導

編著：根本正雄

ゲーム・ボール運動編

☀ 学芸みらい社

まえがき

　新学習指導要領では、小学校でも教科担任制が導入された。教科の専門性が問われる時代がやってきた。

　ボール運動の高学年の学習内容は、専門的な指導力が必要とされる。本書ではそうした新学習指導要領にそった指導法が紹介されている。専門的な指導のもとに行わなければ、技能の向上は図れない。そして、怪我にもつながる。体育のプロ教師としての指導技術を身につける必要がある。

　本書は、そのような教科担任制時代の体育指導に向けて、専門的な指導力の習得を図ることを目指している。

　第1部では「低学年　ボールゲーム・鬼遊び」の指導法が、第2部では「中学年　ゴール型ゲーム・ネット型ゲーム・ベースボール型ゲーム」の指導法が、第3部では「高学年　ボール運動　ゴール型ゲーム・ネット型ゲーム・ベースボール型ゲーム」の指導法が紹介されている。学年別に教材ごとの方法・手順を本文で紹介するとともに、後述するように、その方法・手順の実際を動画で示している。

　中教審では、「**個別最適な学び**」と「**協働的な学び**」が主張されている。第35回「日本教育技術学会」愛知大会の分科会で、小嶋悠紀氏（長野県公立小学校教諭）は図工の実践を提案し、堀田龍也氏（東北大学教授）の講演内容を紹介された。

　「同じ問題を、その生徒のペースでやるというのが『個別化』です。一方、Aさんは○○に興味があるから、○○を深掘りしたい。でも、Bくんは△△に興味があるから、もっと△△をじっくりやりたい、ということを受け入れて指導していくのが『個性化』です。
　『目的が一緒でペースが違う』という話と、**『目的がそもそも個別でよい』**という話があって、その両方を**『個別最適な学び』**と言います」(New Education Expo 2021 [特別講演]『「令和の日本型教育」と教育の情報化』。強調は筆者)

　さらに小嶋氏は、「個別最適な学び」＝「1人で学ぶこと」ではないとも主張している。**個別最適な学び＝「学習の個別化」と「学習の個性化」、それとともに「他の人と一緒に学ぶ（協働的な学習）」**という2つの概念のベストミックスが重要である、と。
　「個別最適な学び」が「孤立した学び」に陥らないことが大事なのである。同時に、集団の中で個が埋没してしまうことがないようにしなければならない。つまり、個と集団の両面から指導していくことが重要なのである。

　特に「ゲーム・ボール運動」は個と集団の関わりが深い。個と集団の両面からの指導を、どのようにすればよいのか。

その課題を解決するのが、実践を通して解説した本書『動画で早わかり！「教科担任制」時代の新しい体育指導　ゲーム・ボール運動編』である。

　この書籍にはゲーム・ボール運動について47の教材が例示されている。その中には、教師が指導を苦手とする教材もある。そのときに役だつのが、教師や子供の「運動のイメージ」をつくる動画である。
　本書に収載された各教材は、QRコードからそれぞれの動画を視聴することができる。また、動画のテロップには方法・手順・技のポイントが示されている。この動画を手がかりにすることで、個々の興味・関心・意欲等を踏まえてきめ細かな指導・支援をすることができ、指導の個別化、学習の個性化ができるようになっている。

　体育指導の苦手な教師は、文字だけではイメージが湧かない。しかし動画を見ることによって、実際にどのような方法、どのような手順、どのような場で指導するかを理解することができる。この動画の活用は、体育指導の専門性を習得する際にも寄与するだろう。
　動きのイメージ化は教師にとってのみならず、運動の苦手な子供にも、そして得意な子供にも共通する重要なポイントである。
　全ての教材の動画は子供のタブレットでも視聴でき、どんな動きか、どんな方法かは、映像を示せば子供たちにもすぐに理解できるように作られている。タブレットで動画を見ながら自分の動きとよい動きを比較することができ、仲間との教え合いもできる。子供たちは自分のつまずき・悩みなどを理解するとともに、自らの学習の状況を把握し、主体的に学習ができるようになる。
　また、教材ごとに4ページで構成されている最後のページには、教材の1つずつに即した「学習カード」が掲載されている。学習カードは、子供たちが毎時間の評価を通して自己の学習を振り返り、つまづきを修正していける内容である。学習カードの活用により、子供たちが運動好きになり、自主的に活動することができるようになる。

　こうした本文と動画からなる本書は、子供たちがICT技術を習得するとともに、体育指導の苦手な教師、さらに力量を高めたいと願う教師にとって役立つ内容で構成されており、指導の個別化・学習の個性化を実現するものである。
　本書を活用し、運動の楽しさを子供たちに指導していってほしい。

2022年4月30日
根本正雄

本書の使い方

　本書は１つの教材を以下の内容で、４ページで紹介している。

1 展開

（１）学習のねらい

（２）学習のねらいを体現する発問・指示

　新学習指導要領の「主体的な学び・対話的な学び・深い学び」の意図を汲み取り、「教師⇒子供」のワンウェイの発問・指示にならないように構成されている。発問・指示をきめ細かくすることで、新学習指導要領の意図をはっきりと「見える化」し、合わせて評価の観点が示されている。このまま、授業が展開できる内容になっている。

2 NG指導

　「野球肘」など、子供の体への負担が問題になる課題も多い。そのような、気を付けるべきことも伝える必要がある。「これはやってはだめ」というNG事例が紹介されている。

3 場づくりを示す

　運動の苦手な子供が上達する場づくりを示す。教師が説明しなくても自然に上達する、スモールステップの場づくりが紹介されている。適切な場づくりが動きを引き出す。

　最初に「準備物」——授業で、何をいくつ用意するか——が示されている。シリーズ第3巻となる本書『ゲーム・ボール運動編』では、次のようになっている。

（１）「習得の段階」　基礎感覚・基礎技能づくりの場づくりが示されている。

（２）「活用の段階」　応用した動きづくりの場づくりが示されている。

（３）「探究の段階」　発展した課題の場づくりが示されている。

4 協働的な学びをつくる体育的コミュニケーション

　中教審の答申では「協働的な学び」が提唱されている。

　「協働的な学び」とは何か。探究的な学習や体験活動等を通じ、子供同士、あるいは多様な他者と協働しながら、持続可能な社会の創り手になることができる資質・能力を育成することである。

　体育の場合は、「自分１人ではできないが、みんなと一緒に運動すれば自分もできる」という特性、そして「みんなと一緒に運動すると楽しい」という思いが根底にある。

　協働的な学びを一言で表現すると、「体育的コミュニケーション」になる。体育固有の楽しい協働的な学びの方法が、本書では具体的に示されている。

　「ゲーム・ボール運動」は、「体育的コミュニケーション」の学習に適している。「競争」「ゲーム性」を通して子供同士が相手を理解し、相手に共感し、励まし合いながら学び合うことができる教材だからである。そのための指導の工夫として示された探究の過程の集団づくりの実例を通じて、子供たちが広く、深く、楽しく学習できるようになっている。

5 方法・手順

　運動の苦手な子供が、できるようになる方法・手順が示されている。

　「まえがき」で述べたとおり、体育指導の苦手な教師は、文字だけではイメージが湧かない。本書では、すべての教材の方法・手順がイラスト・写真で紹介されている。イラスト・写真

を見ることによって、実際にどんな方法で、どのような手順で、どのような場で指導するかを理解することができ、運動の苦手な教師でもイメージ化できるようになっている。

6 コツ・留意点

　方法・手順が分かっても、指導のコツや留意点が理解されていないと指導は難しい。各教材の運動ができるようになるためのテクニカルポイントが大事である。

　教材ごとに、そうした指導のコツ・留意点がイラスト・写真で紹介されている。

7 ICTを活用した授業プラン

　新学習指導要領に示された教材について、ICTを活用した授業プランが紹介されている。どんなICTの活用が、どのような授業場面でできるのか。具体的には、子供同士の「作戦会議」においてICT／パソコンがどのように活用できるのか。また、子供たちによる動画の活用法のプランが提案されている。実際の子供の動きがどのようになるのか。そして目標到達を実現するための授業が動画で紹介されている。

学習カードの活用

　学習カードは教師がチェックするためのものではなく、子供たちが自分で使えて、自分を励ますことができる「自己評価カード」「練習目標カード」である。

　学習カードでは、豊富なイラスト・写真を掲載し、動きの順番、技のポイント、評価の観点を紹介する。この学習カードの活用により、次のような「主体的・対話的で深い学び」を実現する授業ができるようになっている。

【主体的】　お互いに方法やコツを伝え合う。

【対話的】　友達との関わりが生まれる。アドバイスにより技が高まる。

【深い学び】　運動することの楽しさが味わえる。

　今までの授業の対話的な方法は、話し合い活動であった。

　本書では「技のポイントを示した学習カード」を活用することで対話がなされ、具体的な技のポイントの振り返り・評価活動ができるようになる。その結果、友達との関わりが生まれ、技が高まり、運動することの楽しさが味わえる。

動画で指導できる

　専門的な力量を身につけるためには、動画は必須である。どんな指導をどのようにしたらよいのかが、動画で確認できれば指導は容易になる。

　教材ごとに、学習カードの最後に掲載されているQRコードから各動画を視聴できる。動画は学習カードと完全対応しており、学習カードに示された手順・内容を映像で確認することができる。

動画の見方

　教材ごとの動画を、学習カード末尾のQRコードからスマートフォンやタブレットで読み取る。教師は勿論、子供も学習中にタブレットで閲覧し、友達と学び合うことができる。

　動画には詳しい技のポイント、手順・方法、評価基準が示されており、学習指導要領の「主体的・対話的で深い学び」ができるようになっている。

　また、巻末の**「全動画 ウェブ・ナビゲーション」**(p.202〜207)は、本書の各「学習カード」末尾に掲載した全QRコードの一覧である。パソコンで視聴する場合には、同ページ掲載のQRコードとURLから全動画にアクセスすることができる。

※なお、本書に出てくる「コーン」「カラーコーン」「三角コーン」は、いずれも「カラーコーン」と同じものである。

高学年 ボール運動

3 120

1

低学年
ゲーム・鬼遊び

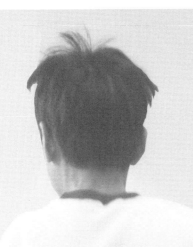

ア ボールゲーム

・的当てゲーム　・シュートゲーム

・相手コートにボールを投げ入れるゲーム

・攻めがボールを打ったり蹴ったりして行うゲーム

イ 鬼遊び

・1人鬼

・手つなぎ鬼

・氷鬼

・宝取り鬼

・ボール運び鬼

① 的当てゲーム（その1）

川口達実

1 展開

（1）学習のねらい

①投げる手と反対の足を前に踏み出す等、基本的なフォームで投げることができる。

②投げる距離を伸ばし、的を倒せるように投げる勢いを強めることができる。

③チームの投げる力を考えて作戦を話し合い、協力し合って、ゲームができる。

（2）学習のねらいを体現する発問・指示・対話的な活動

主体的な学びの発問・指示→赤玉を投げる時、へそを横に向けて、足を横に開きます。

対話的な学びの発問・指示→赤玉を投げる時、どこを見て投げたらよいですか。

深い学びの発問・指示→全員が的に当てるには、どんな作戦がよいですか。

指示1 赤玉を投げる時、へそを横に向けて、足を横に開きます。

指示2 赤玉を壁に向かって投げます。壁に当たったら、1つ後ろのラインから投げます。

説明1 後ろのラインに下がるごとに、1点、2点、3点……と点数が増えます。

発問1 赤玉を投げる時、どこを見て投げますか。
ア）的より上　イ）的　ウ）足元

指示3 赤玉を投げる時、的を見て投げます。

指示4 跳び箱に赤玉が当たったら、隣のコースに移って、また投げます。

対話的な活動1 ゲームの作戦を立てます。

発問2 5人全員が的に当てるには、どんな作戦がよいですか。ア）全員で「せーの」と一斉に投げる　イ）誰がどの的を当てるか決める　ウ）全員が全部の的をねらって投げる

指示5 友達の投げる力や的の大きさを考えて、作戦を立てます。

指示6 自分の的を倒したら、友達の的を手伝います。

❶**指示** 赤玉を投げる時、へそを横に向けて、足を横に開きます。

↓

❷**発問** 赤玉を投げる時、どこを見て投げますか。

評価の観点 投げる時に、的を見続けて、投げている。

×は❶へ

↓

❸**発問** 全員が的に当てるには、どんな作戦がよいですか。

評価の観点 全員が的に当てられる作戦を選んだり立てたりすることができる。

×は❷へ

↓

❹**学習カードで評価する**
□成果の確認をする。
□課題の把握をする。

2 NG事例

（1）投げる方向に対し、へそを横に向けていない。

（2）当てる的や倒す的を見て、投げていない。

（3）的当てゲームで、全員が的を当てられるようにする作戦の立て方が分からない。教師がチームに、作戦例(役割分担・協力の仕方)を指導しない。

3 場づくり

準備物／赤玉、ダンボール箱、ポートボール台、マーカーコーン、平均台、ペットボトル

（1）「習得の段階」……『個人技能』投げる基本的な動きを習得する。

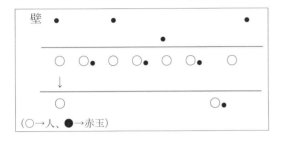

①壁当て：壁に当てたら、後ろの線から投げる。　②壁当て：遠くから投げると点数UP。

（2）「活用の段階」……『個人技能』跳び箱に赤玉を当てて、投げる距離を長くする。

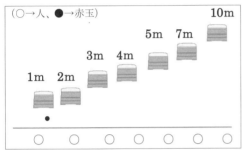

跳び箱に赤玉を当てたら、隣のコースに移る。　②カラーコーンでも同様に行う。

（3）「探究の段階」……『集団技能』チームの投げる課題に応じて、作戦を立てる。

①3人で1分間にいくつの的を倒せるか競う。　②3人対3人で的を倒した数を競い合う。

4 協働的な学びをつくる体育的コミュニケーション

「たくさんの的を当てて勝つ作戦を考えよう」と、チームで作戦を考える時間を設定する。誰がどの的をねらって当てるか、投げる場所も決めておく「的決め作戦」や、大きな的から順番に3人で同時にねらう「同時的当て作戦」などのアイデアが子供から出る。ゲームをした後、全体に「どんな作戦がありましたか」と問い、作戦を共有する。また、平均台をコートの中心線に対して斜めに置き、投げる距離が異なるようにする。「A君は近くの的、ぼくとBさんは遠くの的をねらおう」と投げる力に応じて、当てる的の大きさや投げる位置を話し合って決める。チームで的を並べる位置を工夫する話し合いも行い、協力する良さが感じられるようにする。

1 低学年　ゲーム・鬼遊び

2 中学年　ゲーム

3 高学年　ボール運動

5 方法・手順

（1）「習得の段階」

①頭の後ろから投げる。

②へそを横に向ける。

③ 赤玉で壁当ての練習。

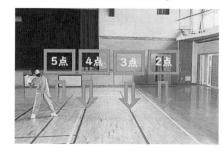

（2）「活用の段階」

④跳び箱的当てを行う。

投げた赤玉が跳び箱に当たったら、投げて当
てる距離が長くなったコースに移動する。

⑤投げた赤玉は自分で拾いに行く。

的当てを繰り返し、跳び箱の上の段ボール倒
し、カラーコーン当て、ポートボール台上の

ペットボトル倒しのように変化を付け、ボールコントロールのレベルアップを図る。

（3）「探究の段階」……3対3のゲームを行う／4コート。

習得した技術を活かして、ゲーム①②をする。

⑥ゲーム①で、協力し合って的を1分間に全部倒す作戦を試す。

ゲーム後、成果と課題について振り返る。新たな作戦を立てる。

⑦ゲーム②で投力に応じて、大きさが異なる的を倒す作戦を立て

る。相手の良さや課題などを振り返り、新たな作戦を立てる。

▼ゲーム②

6 コツ・留意点

（1）頭の後ろで赤玉を構えて持つ。投げる方向に対し、へそを横に向けて、足を開いて立つ。
踏み出した足の膝まで手を振り下ろすようにして投げる。

（2）的に当てる・倒すときは、的を見続けて投げる。

（4）3対3のゲームで投力に合わせて、当てる的の大きさや距離を話し合わせる。

7 ICTを活用した授業プラン

（1）タブレットに「投げ方」の見本映像を見せ、「①手を頭の後ろで構える ②投げる方向に対
してへそを横に向ける ③足を肩幅より広く開く ④的を見続ける」をできるようにする。

（2）チームで早く的に当てるには、全員が好きな的を当てるか、誰がどの的を当てるかを決め
て当てる2パターンを考えさせ、投げる距離や強さに応じた作戦が立てられるようにする。

（3）「3対3のゲーム」をタブレットで撮影し、遠くまで投げられる人が1番遠い的をねらうことや、
コントロールに自信のある人が小さい的を狙うなど、作戦の修正点に気づかせる。

「的当てゲーム（その1）」

年　　組　　番（　　　　　　　　　）

レベル	内容	やり方	振り返り
1 投げる基本フォーム	**技と自己評価のポイント** 投げる練習（壁に当てたら投げる位置が後に下がる）。 ◎→①・②ができて壁に当てる ○→②ができて壁に当てる △→①ができて壁に当てる	①頭の後ろで持つ　②へそを横に向けて足を開く	月　　日 ・ ・ ・ できばえ ◎ ○ △
2 的をねらって当てる① （跳び箱）	跳び箱に投げて当てる。 ◎→6コース以上進んだ ○→5コースまで進んだ △→2コースまで進んだ	1m 2m 3m 4m 5m 7m 10m	月　　日 ・ ・ ・ できばえ ◎ ○ △
3 的をねらって当てる② （カラーコーン）	カラーコーンに当てる。 ◎→5コース以上進んだ ○→4コースまで進んだ △→2コースまで進んだ	カラーコーンに赤玉を当てる	月　　日 ・ ・ ・ できばえ ◎ ○ △
4 協力して的を倒す	（3人で1分間に倒した的の数） ◎→5個全部倒した ○→4個倒した △→2個倒した ※的の個数は5個並べる	誰がどの的を倒すか話し合って決める	月　　日 ・ ・ ・ できばえ ◎ ○ △
5 5対5ゲーム	（3対3のゲームで） ◎→全員が当てた ○→協力してできた △→全員が3回以上投げた ※たくさん倒した側が勝ち	作戦を選んだり立てたりしてゲームで試す	月　　日 ・ ・ ・ できばえ ◎ ○ △

● 学習カードの使い方：できばえの評価 ●

レベルの評価： ◎よくできた／○できた／△もう少し
※振り返りには、「自分で気づいた点」と「友達が見て気づいてくれた点」の両方を書きます。

② 的当てゲーム（その2）

東方幸夫

1 展開

（1）学習のねらい

①簡単なボール操作ができ、ねらったところに投げることができる。

②友達のよいところを見つけたり、作戦を選んだり伝えたりできる。

（2）学習のねらいを体現する発問・指示・対話的な活動

主体的な学びの発問・指示→壁にボールを当てて、キャッチします。友達のどんなところが上手ですか。

対話的な学びの発問・指示→壁当てをチームでたくさん当てるためにはどうしたらよいですか。

深い学びの発問・指示→チームが勝つには、どんなことに気をつけたらよいですか。

指示1　壁にボールを当てて、キャッチします。

発問1　○○さんの動きを見てみます。どんなところが上手ですか。

指示2　まっすぐに戻ってきている（強く投げている、片手で上から投げている）。

説明1　15回当てるためにはどこをねらうとよいですか。

説明2　まっすぐに当てると、次が投げやすいですね。

説明3　次は、チームで壁当てをします。

対話的な活動1　チームでたくさん当てるためにはどうしたらよいですか。

説明4　段ボール的当てをします。

発問2　チームが勝つには、どんなことに気をつけたらよいですか。作戦会議を開きます。

指示3　チームで立てた作戦でゲームをします。

指示4　結果発表をします。

対話的な活動2　次は、どんなゲームにしたら、みんなが楽しめると思いますか。

説明5　次の時間は、チャンスゾーンを作ります。

2 NG事例

（1）一部の上手な男子だけが活躍する。

（2）ボールを触れない子供がいる。

（3）ボールを投げる機会が少ない。

（4）段ボールが遠すぎて、的にボールが当たらない。

❶指示　壁にボールを当てて、キャッチします。

↓

❷発問　どんなところが上手ですか。

評価の観点　友達の良さに気づいている。まっすぐ投げられる。

↓

❸発問　チームが勝つには、どんなことに気をつけたらよいですか。

評価の観点　チームで話し合い工夫を考えることができる。

×は❸へ

↓

❹発問　どんなゲームにしたら、みんなが楽しめると思いますか。

評価の観点　みんなが楽しめる工夫を考えている。

↓

❺学習カードで評価する

□成果の確認をする。

□課題の把握をする。

3　場づくり

準備物／ボール、カラーコーン、的の用紙(壁に貼る)、電子タイマー、段ボール

(1)「習得の段階」……『個人技能』1人での基本的な動きを習得する。

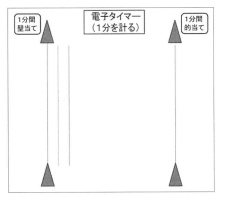

《壁当て》

・強く投げる。
・まっすぐ投げる。

《的当て》

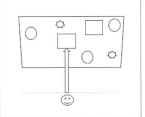

・高さの調整。
・目標の前に移動。

(2)「活用の段階」……『個人技能＋集団技能』2〜3人で工夫した動きを身につける。

《2人でパス》

・2往復パスができたら、1歩下がる。
・2〜3歩下がったら、元の位置に行き別の投げ方をする。
・片手、両手、バウンド、転がしなど色々なパスをする。

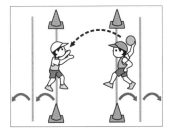

《チームで壁当て》

(3)「探究の段階」……『集団技能』集団での動きを獲得する。

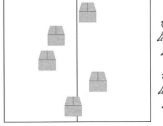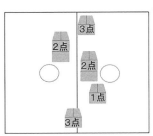

《工夫したゲーム》

・投げる場所の工夫「チャンスゾーン、横からも投げられる」。
・大きさ・高さを変える。
・得点を変える。

4　協働的な学びをつくる体育的コミュニケーション

　低学年だと、一緒に準備するということもコミュニケーションの1つである。今回では、「ボール集めるね」「段ボール並べるね」「一緒にやろう」などという言葉が出てくることも大切である。また、ゲーム中は、「○○の段ボールをねらって!!」と、いう声が出てくることが大事である。特に作戦で、「相手チームに入っている段ボールをより遠くにする」「自陣の段ボールを減らす」などの作戦が出ていたら、その作戦にそった声かけをしていることを取り上げていく。

　また、得意な子供が「パスパス!」という声かけはNGである。得意な子供の声が強くなってしまう。全員がボールを投げられるように、「自分で取りに行ったボールは、自分で投げる」というルールにしたり、ボールを人数分用意したりすることで投げる機会も増やしていく。

1　低学年　ゲーム・鬼遊び

2　中学年　ゲーム

3　高学年　ボール運動

5 方法・手順

（1）「習得の段階」

　① 遠く、強く投げる練習。　②ねらって投げる練習。　③目標の前に移動し投げる練習。

 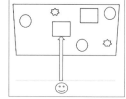 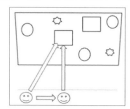

（2）「活用の段階」

　④色々なパスで正確に相手に投げる練習。

⑤グループで壁当て。

ア）回数をつなげる。

イ）1分間で何回できるのか。

ウ）グループ的当てを行う。

（3）「探究の段階」

　⑥習得した技術を活かして、的当てをする。　⑦作戦を話し合い、発表する。

ア）チームでの的当てをする。チームで作戦を考えたり、全体で共有したりして、作戦を選ぶ。

イ）ゲームのやり方や工夫を考える（段ボールの形状変化、得点化、転がしゾーンなど）。

ウ）工夫したゲームで試合をする。箱ごとに点数を変えることで話し合いが生まれる。

   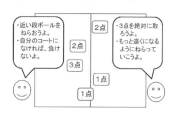

6 コツ・留意点

（1）体を横にする。　　　　　（2）肘の高さを高くする。

（3）左手をねらいに向ける。　（4）的の正面に移動して、投げる。

（5）ボールの正面に入って、キャッチする。

7 ICTを活用した授業プラン

（1）タブレットにお手本の動きを入れておき、全員に見せる。投げ方のコツを提示し、最終的にどうなったらよいのか、理想のイメージをつけさせる。

（2）友達に自分の投げ方を撮ってもらい、お手本の動きと比較する。投げ方のコツのどこを練習したいかを確認させて練習させていく。

（3）場づくりのイラストや試合後の段ボールの位置をタブレットに映し、「ねらう段ボール」や「スタート時の立ち位置」などに印をつけながら作戦を共有させる。

「的当てゲーム（その2）」

年　　　組　　　番（　　　　　　　　　　　　　）

レベル	内容	やり方	振り返り
1 1分間壁当て **技(わざ)と自己評価(じこひょうか)のポイント** 1分間で壁に15回当てる。 ◎→最高記録を出す ○→2本目のライン △→1本目のライン		強いボールを壁に投げる	月　　　日 ・ ・ ・ できばえ ◎ ○ △
2 1分間的当て 1分間で、的にたくさん当てる。 ◎→最高記録を出す ○→3か所できる △→3回当あてる		高さを調節して的に投げる	月　　　日 ・ ・ ・ できばえ ◎ ○ △
3 パス 色々なパスをする。 ◎→3種類のパス ○→2種類のパス △→1種類のパス		友達の正面にボールを投げる	月　　　日 ・ ・ ・ できばえ ◎ ○ △
4 チームで壁当て 連続壁当てをチームで続ける。 ◎→1分間で最高記録 ○→2周、連続で続ける △→1周、連続で続ける		次の人が取りやすいボールで投げる	月　　　日 ・ ・ ・ できばえ ◎ ○ △
5 段ボール的当て 段ボールを相手チームに入れる。 ◎→作戦通りできる ○→ねらって投げられる △→楽しくできる		作戦で決めた段ボールをねらう	月　　　日 ・ ・ ・ できばえ ◎ ○ △

● 学習カードの使い方：できばえの評価 ●

レベルの評価： ◎よくできた／○できた／△もう少し
※振り返りには、「自分で気づいた点」と「友達が見て気づいてくれた点」の両方を書きます。

③ シュートゲーム（その1）

佐藤大輔

1 展開

（1）学習のねらい

①基本的なボール操作とボールを持たない時の動きによって、コート内で攻守入り交じって、ボールを手でシュートしたり、空いている場所に素早く動いたりしてゲームをすることができる。

②チームや自己の課題を設定して、互いに協力して、ゲームができる。

（2）学習のねらいを体現する発問・指示・対話的な活動

主体的な学びの発問・指示→ボールを当てて、段ボール箱を落とします。

対話的な学びの発問・指示→最もシュートを決めやすいのは、どの場所ですか。

深い学びの発問・指示→チームが勝つには、どんな作戦を立てたらよいですか。

指示1 ボールを当てて、段ボール箱を落とします。落としたらシュート成功です。

指示2 3人1組になって、パス練習をします。

指示3 3対2のゲームです。攻撃側がシュートを決めるか、守備側がパスを防いだら交代です。

発問1 最もシュートを決めやすいのは、どの場所ですか。ア）正面　イ）横　ウ）裏側

指示4 3対3のゲームです。1回戦を始めます。

説明1 1回戦の結果を発表します。

対話的な活動1 チームが勝つには、どんな作戦を立てたらよいか、作戦会議を開きます。

指示5 2回戦をします。チームの立てた作戦でゲームをします。2回戦の結果を発表します。

発問2 勝敗と得点を見て、どんな作戦を立てたらよいですか。

対話的な活動2 チームで作戦会議を開きます。

説明2 勝つためには、相手のいない場所を見つけて、素早く動き、パスをもらいます。

指示6 成果や課題を学習カードに記入します。

❶**指示** ボールを当てて段ボール箱を落とします。落としたらシュート成功です。

×は❶へ

❷**発問** 最もシュートを決めやすいのはどの場所ですか。

評価の観点 敵から離れた場所を素早く見つけて、移動している。

×は❷へ

❸**発問** チームが勝つには、どんな作戦がよいですか。

評価の観点 チームの課題に応じた作戦を選んだり立てたりすることができる。

❹**学習カードで評価する**

□成果の確認をする。

□課題の把握をする。

2 NG事例

（1）一部の上手な男子だけが活躍する。

（2）プレーヤーの人数が多過ぎてボールに触れる機会の少ない子供が出てくる。

（3）作戦の立て方が分からないチームに、作戦例を紹介しない。

3 場づくり

準備物／ソフトバレーボール、ダンボール箱、ポートボール台、マーカーコーン

（1）「習得の段階」……『個人技能』基本的なボール操作の動きを習得する。

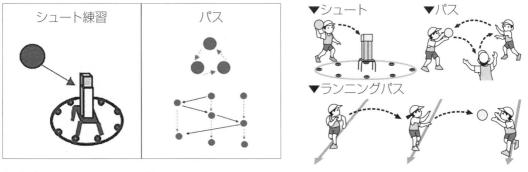

（2）「活用の段階」……『個人技能＋集団技能』攻めや守りに必要な動きを身につける。

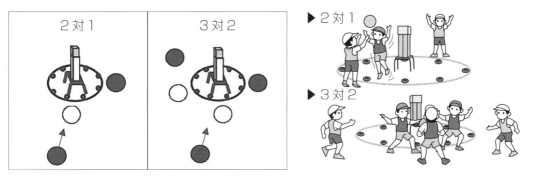

（3）「探究の段階」……『集団技能』集団での攻守入り交じった動きを獲得する。

4 協働的な学びをつくる体育的コミュニケーション

「上手なチームの動きの秘密を探そう！」という活動を設ける。例えば、「パス！とか裏側に動いて！と声をかけ合っている」「相手のいないところに素早く動いてる！」などの発言が出る。これを全体で共有したい。よい動きをチームに取り入れようと、子供同士の体育的コミュニケーションが増え、動きがよくなってくる。次に「どうすればもっと得点を取れるかな？」と作戦会議の時間を設ける。子供たちは意見を出し合い、チームの課題を解決する作戦を選んだり立てたりする。こうした作戦が少しでも上手くいくとゲームが楽しくなる。友達との関わりも楽しくなる。協働的な学びを通して、ボール運動や仲間作りの楽しさを味わうことができる。

5　方法・手順

（1）「習得の段階」

　　①シュートの練習。　　②パスの出し方と受け方の練習。　　③ランニングパスの練習。

（2）「活用の段階」……2対1、3対2のゲームを行う（半面コート）。

　　④2対1や3対2のタスクゲームを行う。攻撃側がシュートを決めるか、守備側がパスカットをしたらゲームを区切る。攻撃や守備を1人ずつ入れ替える。

　　⑤上手なチームの動きを取り上げて、攻めや守りのコツを発見させる。

（3）「探究の段階」……3対3のゲームを行う（全面コート）。

　　⑥習得した技術を活かして、ゲームをする。

　　⑦作戦会議を開く。ゲームの結果をもとにチームで話し合う。作戦を選んだり、立てたりして、試合でその作戦を試す。

　　⑧作戦を試した後に、成果と課題について振り返りを行う。振り返りをもとに、新たな作戦を選んだり立てたりする。

6　コツ・留意点

（1）攻撃の時は、シュートをしやすくしたり、パスをもらいやすくしたりするため、敵のいない場所を見つけて、そこに素早く移動する。

（2）守備の時は、シュートを打ちにくくするため、相手とゴールの間に立つようにする。

7　ICTを活用した授業プラン

（1）「上手なチームの動きの秘密を探そう！」と問い、動画から友達のよい動きを分析させ、上手に攻めるコツを発見させる。

（2）タブレットで作戦の見本映像をいくつか見られるようにし、作戦会議では、チームの作戦決めの参考にさせる。

（3）ゲームでの動きをタブレットで撮影し、ゲーム後にチームの動きを分析させ、作戦の見本映像と比較させながら、次のゲームの作戦を立てさせる。

シュートゲーム（その1）「シュートポートボール」

年　　組　　番（　　　　　　　　　　　）

レベル	内容	やり方	振り返り
1	基本的なボール操作① 技と自己評価のポイント シュート練習（箱を落とす）。 ◎→パスをもらってからシュートを決めた ○→シュートを決めた △→シュートをした	腕を鋭く振ってシュートする	月　　日 ・ ・ ・ できばえ ◎ ○ △
2	基本的なボール操作② パス練習（三角パス、ランニングパス）。 ◎→落とさずにパスができた ○→ランニングパスができた △→三角パスができた	パスは両手でキャッチする	月　　日 ・ ・ ・ できばえ ◎ ○ △
3	2対1 タスクゲーム（半面） ◎→パスをもらってシュートを決めた ○→パスをもらった(出した) △→敵のいない場所に移動した	敵のいない場所に素早く移動する	月　　日 ・ ・ ・ できばえ ◎ ○ △
4	3対2 タスクゲーム（半面） ◎→パスをもらってシュートを決めた ○→パスをもらった(出した) △→敵のいない場所に移動した	敵のいない場所に素早く移動する	月　　日 ・ ・ ・ できばえ ◎ ○ △
5	3対3ゲーム（全面） ◎→全員がシュートをした ○→全員にパスがわたった △→協力してできた	作戦を選んだり立てたりしてゲームで試す	月　　日 ・ ・ ・ できばえ ◎ ○ △

● 学習カードの使い方：できばえの評価 ●

レベルの評価： ◎よくできた／○できた／△もう少し
※振り返りには、「自分で気づいた点」と「友達が見て気づいてくれた点」の両方を書きます。

④ シュートゲーム（その2）

小野宏二

1　展開

（1）学習のねらい

①簡単なボール操作と攻めや守りの動きによって、易しいゲームをする。

②簡単な規則を工夫したり、攻め方を選んだりするとともに、考えたことを友達に伝える。

（2）学習のねらいを体現する発問・指示・対話的な活動

主体的な学びの発問・指示→たくさん点を取るには、どのように投げるとよいですか。

対話的な学びの発問・指示→チームが勝つには、どんな作戦を立てたらよいですか。

深い学びの発問・指示→タブレットの動画を見て、どんな作戦を立てたら勝てますか。

指示1　台の上にあるコーンを倒したら1点です。1つ後ろの線で倒したら2点。2つ後ろの線で倒したら3点です。

発問1　たくさん点を取るには、どのように投げるとよいですか。

説明1　3人で30秒間に何回コーンを倒せるかゲームをします。

説明2　今度は3対2のゲームをします。

指示2　1回戦を始めます。得点が入ったら、得点を入れた人が得点板をめくります。

説明3　1回戦の結果を発表します。

対話的な活動1　チームが勝つには、どんな作戦を立てたらよいですか。チームで作戦会議を開きます。

指示3　2回戦を行います

発問2　タブレットの動画を見て、どんな作戦を立てたら勝てますか。チームで話し合いなさい。

対話的な活動2　チームで作戦会議を開きます。

指示4　次の時間は、考えた作戦でゲームをします。

2　NG事例

（1）一部の上手な男子だけが活躍する。

（2）シュートで女子が得点を取れない。

❶**指示**　台の上にあるコーンを倒したら1点です。

↓

❷**発問**　たくさん点を取るには、どのように投げるとよいですか。

評価の観点　投げる方に対して横を向いて投げている。

↓

❸**発問**　チームが勝つには、どんな作戦がよいですか。

評価の観点　チームで話し合い作戦を考えることができる。

↓

❹**発問**　どんな作戦を立てたら勝てますか。

評価の観点　作戦を考えることができる。

↓

❺**学習カードで評価する**

□成果の確認をする。

□課題の把握をする。

×は❶へ

×は❷へ

×は❸へ

3　場づくり

準備物／ボール、カラーコーン、ポートボール台

（1）「習得の段階」……『個人技能』1人での基本的な動きを習得する。

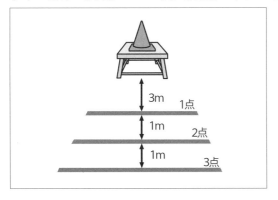 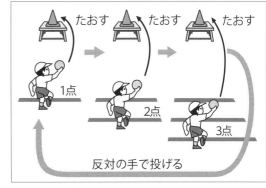

（2）「活用の段階」……『個人技能＋集団技能』2〜3人で工夫した動きを身につける。

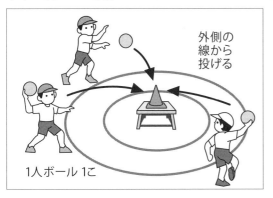 

（3）「探究の段階」……『集団技能』集団での動きを獲得する。

 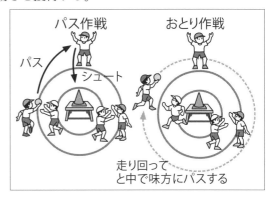

4　協働的な学びをつくる体育的コミュニケーション

　勝つにはどうすればよいか作戦をチームで考えることで体育的コミュニケーションができる。①守りのいない人にパスをする（パス作戦）、②投げる真似や走る真似をする（フェイント作戦）、③守りのいない所へ走る（ダッシュ作戦）、④走り回って、途中で味方にパスをする（おとり作戦）、などが考えられる。ゲームの後「どんな作戦があったか」を聞き、全体で共有したい。またタブレットで文部科学省の動画を見せて参考にさせてもよい。

（参考動画：小学校低学年体育〜11ボール投げゲーム：文部科学省：https://youtu.be/IpcjL_xvkQY）

5 方法・手順

（1）「習得の段階」

①的当てゲーム（1回目）。　　②投げ方のコツを知る。　　③的当てゲーム（2回目）。

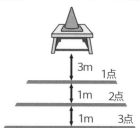

横に向く

投げる方向

投げる手と
反対の足を
前に出す

左：
3m 1点
1m 2点
1m 3点

右：
3m 1点
1m 2点
1m 3点

（2）「活用の段階」

④3人でのシュートゲーム（1人ボール1つ）を行う。30秒でコーンを倒した数が得点になる。倒したコーンは自分たちで直す。

⑤3人でのシュートゲーム（3人でボール1つ）を行う。30秒でコーンを倒した数が得点になる。みんなが同じ回数を投げるようにする。

（3）「探究の段階」

⑥3対2のシュートゲーム（1人ボール1つ）を行う。ゲーム後、チームで作戦会議をする。

⑦3対2のシュートゲーム（1人ボール1つ）の2回目を行う。

⑧3対2のシュートゲーム（3人でボール1つ）を行う。ゲーム後、文部科学省の動画を参考に作戦を考える。

⑨3対2のシュートゲーム（3人でボール1つ）の2回目を行う。タブレットで自分たちの動きを撮影する。ゲーム後、撮影した動画を見ながら、作戦ができたか考える。

3人でボール1こ

3対2
1人ボール1こ

6 コツ・留意点

（1）ボールを強く投げるには、投げる方向に対して横を向く。

（2）子供の実態に応じて3対1のシュートゲームを③と④の間に入れてもよい。

7 ICTを活用した授業プラン

（1）タブレットで文部科学省の動画を見られるようにする。動画を参考にどのようにすると勝てるか作戦を考える。

（2）タブレットで自分たちのゲームの動画を撮り、ゲーム後見るようにする。①守りのいない人にパスをする（パス作戦）、②投げる真似や走る真似をする（フェイント作戦）、③守りのいない所へ走る（ダッシュ作戦）、④走り回って、途中で味方にパスをする（おとり作戦）などの作戦ができたか考えさせる。

（参考動画：小学校低学年体育〜11ボール投げゲーム：文部科学省：https://youtu.be/IpcjL_xvkQY）

「シュートゲーム（その2）」

年　　組　　番（　　　　　　　　　）

レベル	内容	やり方	振り返り
1 基本的な動き	技と自己評価のポイント 的当てゲーム。 ◎→3点取れる ○→2点取れる △→1点取れる	3m 1点 1m 2点 1m 3点 コーンを倒したら1つ下がる	月　　日 ・ ・ ・ できばえ ◎ ○ △
2 シュートゲーム①	1人ボール1つ。 ◎→5点取れる ○→3点取れる △→1点取れる	コーンを倒したら自分たちで直す	月　　日 ・ ・ ・ できばえ ◎ ○ △
3 シュートゲーム②	3人でボール1つ。 ◎→ルールを守りできる ○→協力してできる △→声を出してできる	みんなが投げられるようにする	月　　日 ・ ・ ・ できばえ ◎ ○ △
4 3対2のゲーム①	1人ボール1つ。 ◎→4点取れる ○→2点取れる △→0点	「フェイント」「ダッシュ」を使う	月　　日 ・ ・ ・ できばえ ◎ ○ △
5 3対2のゲーム②	3人でボール1つ。 ◎→作戦を3つできる ○→作戦を2つできる △→作戦を1つできる	「パス」「おとり」を使う	月　　日 ・ ・ ・ できばえ ◎ ○ △

学習カードの使い方：できばえの評価

レベルの評価：◎よくできた／○できた／△もう少し
※振り返りには、「自分で気づいた点」と「友達が見て気づいてくれた点」の両方を書きます。

⑤ 相手コートにボールを 投げ入れるゲーム（その１）

井上 武

1 展開

（1）学習のねらい

①基本的なボールを投げる動作やボールを受ける動作を身につけると共に、ボールの落下点に移動したり空いているスペースを見つけてボールを投げたりしてゲームをすることができる。

②チームや自己の課題を設定たり解決策を考えたりして、楽しくゲームができる。

（2）学習のねらいを体現する発問・指示・対話的な活動

主体的な学びの発問・指示→どんなキャッチの仕方がありますか。

対話的な学びの発問・指示→どのように投げれば、相手が取りやすいですか。

深い学びの発問・指示→どこをねらったら得点が入りやすいですか。

指示1 ボンバーを上に投げてキャッチします。どんなキャッチの仕方がありますか。

指示2 ２人組になってボンバーを投げたりキャッチしたりしなさい。

指示3 チームに分かれて、コートに入りなさい。相手チームにボールを投げたり、相手チームからのボールをキャッチしたりします。

発問1 どのように投げれば、相手が取りやすいですか。

対話的な活動1 チームで話し合いなさい。

説明1 試合をします。相手チームにボンバーが落ちたら１点です。得点をした人は、外にいる人と交代します。

発問2 どこをねらったら得点が入りやすいですか。

対話的な活動2 チームでタブレットを使って作戦会議をします。

指示4 ２回戦をします。

発問3 作戦を立てて、うまくいったこと、うまくいかなかったことを発表しなさい。

指示5 成果や課題を学習カードに記入します。

❶**発問** どんなキャッチの仕方がありますか。

×は❶へ

❷**発問** どのように投げれば、相手が取りやすいですか。

評価の観点 コントロールよく投げるポイントを見つけることができる。

×は❷へ

❸**指示** 作戦会議します。

評価の観点 得点が入るには、どこをねらって投げればよいかについて、タブレットを使って話し合っている。

❹**学習カードで評価する**

□成果の確認をする。

□課題の把握をする。

2 NG事例

（1）一部の上手な子供だけが活躍する。

（2）ボンバーを投げたりキャッチしたりする練習が少なく、ゲームがうまく進まない。

（3）作戦の立て方が分からないチームに、作戦を例示しない。

3 場づくり

準備物／ボンバー（ビニール袋に緩衝材や新聞紙を入れたもの）、ネット、マーカーコーン

（1）「習得の段階」……『個人技能』ボンバーを上に投げてキャッチする。

▲手をパン　▲床にパン　▲くるり

（2）「活用の段階」……『個人技能＋集団技能』2人組やチームで練習する。

2人組で投げたり
キャッチしたりする

チームに分かれて
ラリー練習

【投げる】
両手で頭の上から投げる。
両手で下から投げる。
片手で投げる。

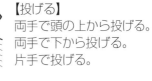

【キャッチ】
両手でキャッチする。
片手でキャッチする。

（3）「探究の段階」……『集団技能』試合をし、タブレット端末を使って作戦を立てる。

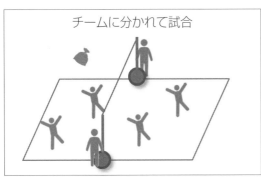

チームに分かれて試合

相手のいない
ところを
ねらって！

すぐに移動して
キャッチするぞ！

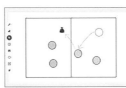

【Google Jamboard
で作戦会議】
・遠くに投げる作戦
・ネットぎりぎり作戦
・投げるふり作戦

4 協働的な学びをつくる体育的コミュニケーション

　協働的な学びをつくる場面として、作戦会議を設ける。攻撃する時は相手のいないところを目がけてボンバーを投げ、守備をする時はコートに落ちないようにボンバーの下に素早く動くことが大切である。相手のいないところに投げるにはどうすればよいか考えさせる。例えば「相手の守備が整う前に投げる」や「フェイントをかけて投げる」などのアイデアが出てくる。

　また、コートに落ちないようにするにはどうすればよいか考えさせると、「すぐ動けるように腰を落として構える」や「声をかけ合って守る」などのアイデアが出てくる。チームで協力する大切さに気づかせたい。

5 方法・手順

（1）「習得の段階」……投げたりキャッチしたりする練習を行う。

①投げ上げてキャッチする。

②1回（2回、3回）手を打ってキャッチする。

③床に両手タッチして、キャッチする。

④くるっと回ってキャッチする。

⑤他に、背中でキャッチ、ジャンプしてキャッチ、組み合わせ技などを行う。

（2）「活用の段階」……2人組で投げたりキャッチしたりする。チームでラリーをする。

⑥相手に取りやすい投げ方をする。

⑦どのような投げ方をすれば、相手が取りやすいか考えさせる。

⑧チームに分かれて、ラリーを行う。自分がねらったところに投げるようにさせる。

（3）「探究の段階」……試合をする。作戦を立てる。

⑨どこにボンバーを投げたら得点につながるかを、考えさせながら練習させる。

⑩コートに落ちて得点が入ったり、相手がキャッチしたりしたら、攻守交代する。

⑪「Google Jamboard」を使って作戦会議を開く。「遠くに投げる作戦」「ネットギリギリ作戦」「投げるフリ作戦」などを試合で試す。

⑫作戦を試した後に、成果と課題について振り返りを行う。振り返りをもとに、新たな作戦を選んだり立てたりする。

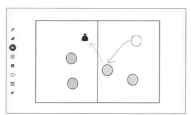

6 コツ・留意点

（1）ボンバーを遠くに投げるときは片手を、正確に投げるときは両手を使う。

（2）ボンバーが落ちてくるところに素早く移動して、キャッチする。

（3）攻撃の時は、敵のいない場所を見つけて、そこに素早く投げ入れる。

（4）作戦会議をする時は、ICTを活用することによって、実際に人のマークを動かして作戦を立てたり、作戦のデータを累積したりする。

7 ICTを活用した授業プラン

（1）試合をタブレットで撮影して、相手のいないところにボンバーを投げたり、ボンバーの落下地点を予測して移動したりする動きを見つけさせる。

（2）タブレットで「遠くに投げる作戦」「ネットギリギリ作戦」「投げるフリ作戦」などの見本動画を見られるようにする。

（3）タブレットのアプリ「Google Jamboard」を活用し、人やボンバーを動かしたり書き込みをしたりしながら作戦会議をさせ、作戦の履歴を残させる。

相手コートにボールを投げ入れるゲーム（その1）「ボンバーゲーム」

年　　　組　　　番（　　　　　　　　　）

レベル	内容	やり方	振り返り
1	投げ上げてキャッチ **技(わざ)と自己評価(じこひょうか)のポイント** いろいろな投げ方でキャッチする。 ◎→合わせ技ができた ○→技が2つ以上できた △→技が1つもできなかった	手をパン　床にパン　くるり　など	月　　　日 ・ ・ ・ できばえ ◎ ○ △
2	2人でキャッチ 2人で投げたりキャッチしたりする。 ◎→10回以上できた ○→5回以上できた △→5回できなかった	2人で投げ合いっこする	月　　　日 ・ ・ ・ できばえ ◎ ○ △
3	チームでラリー チームに分かれて、相手が取りやすいところに投げる。 ◎→10回以上できた ○→5回以上できた △→5回できなかった	チームに分かれてラリーをする	月　　　日 ・ ・ ・ できばえ ◎ ○ △
4	ゲーム 試合をする。 ◎→5点以上取った ○→3点以上取った △→3点取れなかった	相手が取れないところに投げる	月　　　日 ・ ・ ・ できばえ ◎ ○ △
5	作戦会議 作戦を考える。 ◎→アイデアを2つ以上出した ○→アイデアを1つ出した △→作戦が分かった	アイデアを出し合って作戦を立てる	月　　　日 ・ ・ ・ できばえ ◎ ○ △

・学習カードの使い方：できばえの評価・

レベルの評価：◎よくできた／○できた／△もう少し
※振り返りには、「自分で気づいた点」と「友達が見て気づいてくれた点」の両方を書きます。

⑥相手コートにボールを投げ入れるゲーム（その2）

近藤恭弘

1 展開

（1）学習のねらい

①ねらったところに緩やかにボールを転がすことと攻めや守りの動きによって、易しいゲームをすることができる。

②友達のよい動きや投げ方を見つけて伝えることができる。

（2）学習のねらいを体現する発問・指示・対話的な活動

主体的な学びの発問・指示→ボールを転がして中にいる人を当てます。

対話的な学びの発問・指示→足をどうすれば強く，遠くまで転がせますか。

深い学びの発問・指示→どうすれば勝てるかチームで相談します。

指示1 ボールを転がして中にいる人を当てます。

発問1 右手で投げる時、足をどうすれば強く、遠くまで投げられますか。

　　　　　ア）揃える　イ）左足が前　ウ）右足が前

指示2 2人1組になってボールを転がす練習をします。

指示3 3人1組になって中にいる人を当てます。

発問2 外野に狙われた時、どのように逃げるのがよいですか。

対話的な活動1 近くの人と相談します。

指示4 円形ドッジボールをします。内野の人は当たれば外に出て座ります。時間は〇分です。〇分後内野と外野を交代します。当てた人数の多い方が勝ちです。

指示5 内野と外野を交代します。

指示6 3チームに分かれて、トリプルドッジをします。時間は〇分です。

対話的な活動2 チームで作戦会議を開きます。

指示7 第2試合をします。

2 NG事例

（1）一部の上手な子供だけが活躍をしてしまう。

（2）全員がボールに触れないで終わってしまう。

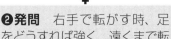

❶**指示** ボールを転がして中にいる人を当てます。

×は❶へ

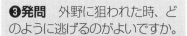

❷**発問** 右手で転がす時、足をどうすれば強く、遠くまで転がせますか。

評価の観点 両足を揃えず、後ろから前に体重移動しながら転がせている。

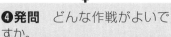

❸**発問** 外野に狙われた時、どのように逃げるのがよいですか。

評価の観点 常にボールを持つ方に体を向けることができている。

×は❷と❸へ

❹**発問** どんな作戦がよいですか。

評価の観点 チームの課題に応じた作戦を考えている。

❺**学習カードで評価する**

□成果の確認をする。

□課題の把握をする。

3 場づくり

準備物／ドッジボール

（１）「習得の段階」……『個人技能』２人１組～３人１組で基本的な動きを習得する。

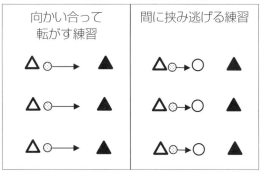

向かい合って 転がす練習	間に挟み逃げる練習

両足を広げ、
勢いよく転がす

相手を見て避ける

ボールの正面に移動し、
腰を落として捕る

（２）「活用の段階」……『集団技能』集団の中で動きを獲得する。

円形ドッジボール

当たったら外に並ぶ

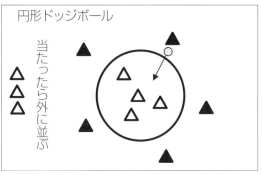

▲直径７ｍ程度の円で内外野に分かれる

（３）「探究の段階」……『集団技能』変化のある集団での動きを獲得する。

当たったら外に並ぶ

▲円を３つに分け３チームで競う

4 協働的な学びをつくる体育的コミュニケーション

　ボールの投げ方やボールからの逃げ方を練習する場面で「上手な子の動きを見つけよう！」という対話的活動を入れる。「足を広げて投げている」や「投げる子の方を見て避けている」などの発言が出る。よい動きを共有しながら練習を進めることで技能の獲得を目指したい。

　また、トリプルドッジを行う時には、試合の後で作戦タイムを設ける。「どのようにすれば勝てるのか？」をチームで考えさせる。「転がすのが上手な○○さんに外野に行ってもらおう」など『誰が外野にいくとよいのか』や『どのように逃げるとよいのか』を子供たちが自然と話し合う。このような協働的な学びを通して、運動する楽しさを味わい、仲間作りを進めていくことができる。

5　方法・手順

（1）「習得の段階」

①ボールの転がし方の練習。　　②ボールのよけ方の練習。　　③ボールの捕り方の練習。

▲足を広げ、後ろから前に体重移動　　▲相手を見て逃げる　　▲両手でしっかりキャッチ

（2）「活用の段階」……円形ドッジボールを行う。円は直径7mで内野10名程度。

④攻守（外野と内野）に分かれる。

⑤ボールが当たった内野は外に出て座る。

⑥時間を決めて攻守を交代する。

⑦内野に残っていた人数が多いチームが勝ち。

　※ボールを増やしてゲームをしたり「ドッジの円を1周し

　　たら内野に戻れる」などの条件付きでの内野復活ルールを行ったりもできる。

　復活ルールをする場合は、外野が当てると1点とし、得点ボードを活用するとよい。

（3）「探究の段階」……トリプルドッジを行う。

⑧3チームに分かれる。　　　　　⑬第2試合をする。

⑨外野と内野に分かれる。　　　　⑭よい作戦を紹介する。

⑩第1試合をする。

⑪内野に残っていた人数が多いチームが勝ち。

⑫作戦タイムをとる。『誰が外野にいくとよいか』など。

6　コツ・留意点

（1）ボールを転がす時に、両足を揃えてしまう子供がいる。「足を開いて投げよう」や「後ろか
　　ら前に」と声をかけ、後ろ足から前足に体重移動しながら体全体を使って転がすようにする。

（2）トリプルドッジのコツは、試合後に作戦タイムをとることである。試合後に作戦を紹介す
　　ることで、対話的で協働的な学びとなる。

7　ICTを活用した授業プラン

（1）タブレットで勢いよくボールを転がしている友達と自分の動きを撮影し比較することで、
　　足の幅やボールの勢いの違いに気づき、改善の手立てにする。

（2）相手とボールを見て逃げている上手なチームの映像を撮り、映像を見ながら自分たちの動
　　きと比較し、常にボールを見る動き方などをチームで考える。

（3）映像を見て気づいたことをチームの作戦に活かせるようにする（例：「もっと相手を見るぞ
　　作戦」「外野最強作戦」など）。

（参考資料：向山洋一『「体育」授業の新法則』学芸みらい社、2015年）

相手コートにボールを投げ入れるゲーム（その2）「円形ドッジボール」

年　　組　　番（　　　　　　　　　　　）

レベル	内容	やり方	振り返り
1	**基本的なボール操作** **技（わざ）と自己評価（じこひょうか）のポイント** 勢いよく転がす練習。 ◎→3回より多くねらった所に転がせた ○→1回はねらった所に転がせた △→転がせた	 ねらった所に勢いよく転がす	月　　日 ・ ・ ・ できばえ　◎　○　△
2	**基本的な動き** 逃げる練習。 ◎→最後まで逃げることができた ○→相手を見て逃げることができた △→相手の方を見ようとした	 相手の方を見て逃げる	月　　日 ・ ・ ・ できばえ　◎　○　△
3	**円形ドッジボール（外野）** ねらった所に投げる。 ◎→3回は相手を当てることができた ○→1回は相手を当てることができた △→当てようとした	 相手を見て勢いよく転がす	月　　日 ・ ・ ・ できばえ　◎　○　△
4	**円形ドッジボール（内野）** 相手見て逃げる。 ◎→最後まで残ることができた ○→相手の方を見て逃げた △→当たらないように逃げた	 相手の方を見て逃げる	月　　日 ・ ・ ・ できばえ　◎　○　△
5	**トリプルドッジ** 協力してゲームをする。 ◎→作戦通りの動きができた ○→作戦を考えた △→協力してできた	 作戦を考え、ゲームでためす	月　　日 ・ ・ ・ できばえ　◎　○　△

●─── 学習カードの使い方：できばえの評価 ───●

レベルの評価： ◎よくできた／○できた／△もう少し
※振り返りには、「自分で気づいた点」と「友達が見て気づいてくれた点」の両方を書きます。

⑦攻めがボールを打ったり蹴ったりして行うゲーム（その１）

黒田陽介

1 展開

（１）学習のねらい

①基本的なボール操作とボールを持たない時の動きによって、攻めと守りを交代しながら、ボールを蹴ったり捕ったりしてゲームをすることができる。

② チームや自己の課題を設定して、互いに協力してゲームができる。

（２）学習のねらいを体現する発問・指示・対話的な活動

主体的な学びの発問・指示→ハードルをくぐるように、ボールを蹴ります。

対話的な学びの発問・指示→たまごをわるには，どこをねらいますか。

深い学びの発問・指示→チームの得点を上げるには、どんな作戦を立てたらよいですか。

指示１　ハードルをくぐるように、ボールを蹴ります。くぐったら次のレベルに進みます。

指示２　ペアで蹴り合い、キャッチ練習をします。

指示３　２対２のたまごわり練習です。攻め側が蹴ったボールがたまごを通過したら得点です。コーンの高さより高く蹴ったら０点です。

発問１　たまごをわるには、どこをねらいますか。
　　　　　ア）正面　イ）守りの横　ウ）コーンのそば

指示４　４対３のゲームです。１回戦を始めます。

説明１　１回戦の結果を発表します。

対話的な活動１　チームの得点を上げるには、どんな作戦を立てたらよいか、作戦会議を開きます。

指示５　２回戦をします。チームの立てた作戦でゲームをします。２回戦の結果を発表します。

発問２　チームの得点を見て、得点を上げるにはどんな作戦を立てたらよいですか。

対話的な活動２　チームで作戦会議を開きます。

説明２　得点をするためには、守りのいないスペースをねらって低いシュートをします。

指示６　成果や課題を学習カードに記入します。

---

❶指示　ハードルをくぐるように、ボールを蹴ります。くぐったら次のレベルに進みます。

×は❶へ

❷発問　たまごをわるには、どこをねらえばよいですか。

評価の観点　守りの間のスペースを見つけて、そこをねらってボールを蹴っている。

×は❷へ

❸発問　得点を上げるにはどんな作戦を立てたらよいですか。

評価の観点　チームの課題に応じた作戦を選んだり立てたりすることができる。

❹学習カードで評価する
□成果の確認をする。
□課題の把握をする。

2 NG事例

（１）守りの人数が多く、得点できる機会の少ない子供が出てくる。

（２）攻めがボールを高く蹴りすぎて、守りの子供の顔に当たってしまう。

（３）作戦が上手くいかないチームに、他の作戦例を紹介しない。

3 場づくり

準備物／サッカーボール（軽量）、ハードル、カラーコーン

（1）「習得の段階」……『個人技能』基本的なボール操作の動きを習得する。

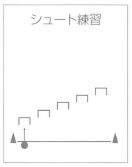
シュート練習

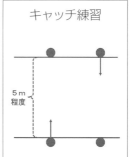
キャッチ練習

（2）「活用の段階」……『個人技能＋集団技能』攻めや守りに必要な動きを身につける。

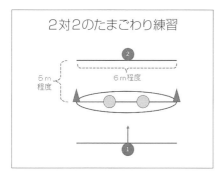
2対2のたまごわり練習

（3）「探究の段階」……『集団技能』集団での攻守入り交じった動きを獲得する。

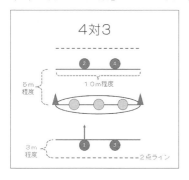
4対3

▲空いたスペースをねらう　　▲作戦を立ててゲームをする

4 協働的な学びをつくる体育的コミュニケーション

「得点できた時とできなかった時の違いを探そう！」という活動を設ける。例えば、「コーンの近くをボールが通った時は得点しやすいよ」「蹴る位置を変えると守りも動いているよ」「低いボールの方が守りには捕りにくそうだよ」などの発言が出る。これをテクニカルポイントとして全体で共有したい。守りの立ち位置をずらして空間をつくるためには、ボールを蹴る子供だけでなく他の子供の立ち位置や声かけも重要になる。

　チームとして得点を増やすための作戦づくりに幅が広がり協力しやすくなる。得点を増やそうと相談することで、体育的コミュニケーションも増え、チームで作戦を立てる楽しさを味わえる。

1 低学年 ゲーム・鬼遊び

2 中学年 ゲーム

3 高学年 ボール運動

5　方法・手順

（1）「習得の段階」

①シュートの練習。

- ・線からボールを蹴る。
- ・ハードルをくぐったら次に進む。
- ・蹴ったボールは自分で取りに行く。

②キャッチの練習。

- ・1人が蹴ったボールをもう1人が捕る。
- ・ボールは、抱え込むようにして捕る。
- ・ボールの正面に動いてから捕る。

（2）「活用の段階」……2対2のたまごわり練習（チーム練習）を行う。

②2対2のたまごわり練習を行う。攻めは順番にボールを蹴る。蹴ったボールがたまごを通過したら1点。蹴ったボールがコーンの高さを越えてしまったら0点。守りがボールを捕ったりはじいたりして通過しなかったら0点となる。2分交代など時間で区切る。守りは1回ずつメンバーを入れ替える。得点した時としなかった時を比べて、どこをねらうと得点しやすいのか、コツを発見させる。

（3）「探究の段階」……4対3のゲームを行う。

④習得した技術を生かして、たまごわりゲームをする。

⑤作戦会議を開く。「誰がどこをねらうのか」など話し合う。作戦を選んだり立てたりして、ゲームでその作戦を試す。

⑥作戦を試した後に、成果と課題について振り返りを行う。振り返りをもとに、新たな作戦を選んだり立てたりする。

6　コツ・留意点

（1）攻めの時は、守りの位置を見て、蹴る位置を決めたり守りの間のスペースをねらってシュートをしたりする。また、チームメイトも守りの位置を動かすために待つ位置を変えたり、声をかけたりする。

（2）守りの時は、たまごをわられないように、相手の立つ位置に合わせて動くようにする。

7　ICTを活用した授業プラン

（1）「得点できた時とできなかった時の違いを探そう」と問い、2つの動画を見比べてよい動きを分析させ、上手に攻めるコツを発見させる。

（2）タブレットで作戦の見本映像をいくつか見られるようにし、作戦会議では、チームの作戦決めの参考にさせる。

（3）ゲームの動きをタブレットで撮影する。ゲーム後にチームの動きを分析させ、作戦の見本映像と比較させながら、次のゲームの作戦を立てさせる。

攻めがボールを打ったり蹴ったりして行うゲーム (その1) 「たまごわりゲーム」

年　組　番（　　　　　　　　　　　　）

レベル	内容	やり方	振り返り
1 基本的なボール操作①	技(わざ)と自己評価(じこひょうか)のポイント シュート練習 (箱を落とす)。 ◎→ねらった所にシュートをすることができた ○→シュートを決めた △→シュートをした	低く鋭いシュートをする	月　　日 ・ ・ ・ できばえ ◎ ○ △
2 基本的なボール操作②	キャッチ練習 (ペアが蹴ったボールをキャッチする)。 ◎→両手でキャッチできた ○→ボールを止められた △→はじくことができた	ボールを抱え込むように両手でキャッチする	月　　日 ・ ・ ・ できばえ ◎ ○ △
3 2対2	2対2のたまごわり練習。 ◎→ねらった所にシュート ○→低く勢いのあるシュート △→前方にシュート	ねらいを決めてシュートする	月　　日 ・ ・ ・ できばえ ◎ ○ △
4 4対3	4対3のたまごわりゲーム。 ◎→スペースをねらってシュートを決めた ○→得点をすることができた △→前方にシュートした	空いたスペースをねらってシュートする	月　　日 ・ ・ ・ できばえ ◎ ○ △
5 4対3	4対3のたまごわりゲーム。 ◎→全員が得点した ○→全員で協力してゲームした △→協力してできた	作戦を選んだり立てたりしてゲームで試す	月　　日 ・ ・ ・ できばえ ◎ ○ △

➡ 学習カードの使い方：できばえの評価 ⬅

レベルの評価：◎よくできた／○できた／△もう少し
※振り返りには、「自分で気づいた点」と「友達が見て気づいてくれた点」の両方を書きます。

⑧攻めがボールを打ったり蹴ったりして行うゲーム（その2）

東條正興

1 展開

（1）学習のねらい

①ねらった所にボールを蹴ったり、ボールを捕ったり止めたりする。

②ボールを蹴ったり止めたりする時に行った工夫を、動作や言葉で友達に伝える。

（2）学習のねらいを体現する発問・指示・対話的な活動

主体的な学びの発問・指示→もっと楽しくするには、ゴールや的をどう置いたらよいですか。

対話的な学びの発問・指示→たくさんの得点をねらうために、どんな工夫ができますか。

深い学びの発問・指示→攻める時や守る時に、どんな作戦にしたらよいですか。

指示1 ボールを蹴って的に当てます。

説明1 一番近い的に当てると、1点です。

一番遠い的に当てると、○点です。

※的の数に応じて点数が増える。

指示2 ドリブルしながら、2本目の線でボールを蹴って的に当てます。

発問1 足のどこで蹴ったら、ねらいやすいですか。

指示3 2チームに分かれて、的当て対決をします。相手チームの方へ的を押し出した分だけ得点になります。

対話的な活動1 たくさんの得点を取るために、チームでどんな工夫ができますか。

指示4 攻めと守りに分かれて、シュートゲームをします。

説明2 ラインまでの間に、シュートをします。コーンの間にボールが入ったら、1点です。守りのチームは、ボールを手や足を使って止めます。時間内に何点取れるか、競争します。

対話的な活動2 攻める時や守る時に、どんな作戦にしたらよいですか。

❶発問 足のどこで蹴ったら、ねらいやすいですか。

評価の観点 足の内側や甲で蹴る。

×は❶へ

❷発問 たくさん得点を取るために、どんな工夫ができますか。

評価の観点 ボールを蹴るタイミングや強さに気づくことができる。

×は❷へ

❸発問 守る時にどんな作戦にしたらよいですか。

評価の観点 守る範囲を決めることに気づくことができる。

❹学習カードで評価する

□成果の確認をする。

□課題の把握をする。

2 NG事例

（1）硬いボールを使用する。

（2）守りと近い距離からシュートをさせる。

（3）的やゴールの数が少なく、得点が入りにくい。

3 場づくり

準備物／跳び箱、コーン（箱）、柔らかいボール、ケンステップ、得点板、コーンバー

（1）「習得の段階」……ボールを蹴る感覚と基本的な蹴り方。

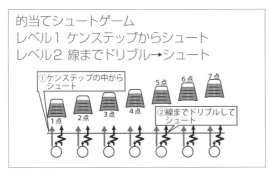

的当てシュートゲーム
レベル1 ケンステップからシュート
レベル2 線までドリブル→シュート

①ケンステップの中からシュート

5点 6点 7点
1点 2点 3点 4点

②線までドリブルしてシュート

・2分間で合計何点取れるか挑戦する。
・最初に自分で蹴る場を選ぶ。
・蹴るたびに場を自由に移動してよい。

（2）「活用の段階」……ねらいを定めたり強さを調整したりしたボールの蹴り方。

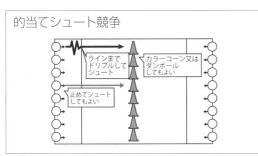

的当てシュート競争

ラインまでドリブルしてシュート

カラーコーン又はダンボールしてもよい

止めてシュートしてもよい

・最終的に押し込んだ的の数で競う。

（3）「探究の段階」……集団で攻守に分かれた動き。

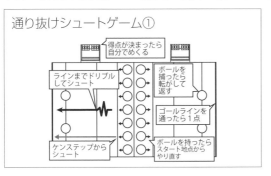

通り抜けシュートゲーム①

得点が決まったら自分でめくる

ラインまでドリブルしてシュート

ボールを捕ったら転がして返す

ゴールラインを通ったら1点

ケンステップからシュート

ボールを持ったらスタート地点からやり直す

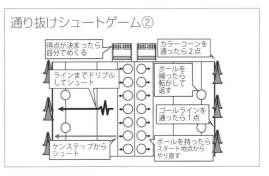

通り抜けシュートゲーム②

得点が決まったら自分でめくる

カラーコーンを通ったら2点

ラインまでドリブルしてシュート

ボールを捕ったら転がして返す

ゴールラインを通ったら1点

ケンステップからシュート

ボールを持ったらスタート地点からやり直す

・制限時間内に、お互いに何点取れるかを攻守交代して競争する。

4 協働的な学びをつくる体育的コミュニケーション

　活用や探究の場で、「たくさん得点をねらうにはどうすればいいかな」とチームで工夫を考える時間を与える。的当て競争においては、子供たちは「みんなで一斉に蹴る」「強く蹴って的を倒す」「同じ所にみんなで蹴り込んで一気に押し込む」などの工夫を考え、作戦として実行していく。これが、探究の「通り抜けシュートゲーム」の思考の足場として生きてくる。

　一斉に蹴り込む「同時作戦」や、誰かが守りに蹴って引きつけている間に蹴り込む「おとり作戦」など、実際にゲームで確かめて振り返り、また作戦を練り直すことを繰り返す。守り方については、「2人で守備範囲を分ける」「ボールをはじく」などの工夫が子供たちから提案された。

5 方法・手順

（1）「習得の段階」……的当てシュートゲーム。

①レベル1は、ケンステップの中からボールを置いて蹴る。
　レベル2は、線までドリブルして、ボールを止めずに蹴る。

②転がったボールは自分で拾いに行く。

③的に当てた点数を自分で数え足していく（点数をその
　都度声に出させる）。

　※跳び箱に、点数を書いた紙を貼って視覚化しておくと計算しやすくなる。

④「止めて蹴る場合」と「前に転がして蹴る場合」の違いについて考える。

（2）「活用の段階」……的当てシュート競争。

⑤2チームが向かい合い、的をめがけて3分間程度ボールを蹴り合う。

⑥自コートに転がっているボールならどれを使ってもよい。

⑦必ず空いているケンステップ（またはスタートライン）からリスタートする。

⑧終了した時点で、陣地に入った的を倒して勝敗を確認する。

⑨1回のゲームが終わった時点で、「たくさんの得点
　をねらうためにはどんな工夫ができるか」チームご
　とに話し合う。

⑩2回目のゲームで工夫したことを実行し、振り返る。
　振り返りから改善を図り、3回目のゲームを行う。

（3）「探究の段階」……通り抜けシュートゲーム。

的当てシュートゲーム
レベル1 ケンステップからシュート
レベル2 線までドリブル→シュート

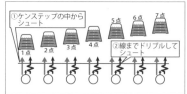

▲勝敗結果の視覚化

▼更なる場の工夫として、
　3点の的を自由に置かせる

⑪第1段階は、ゴールラインが得点とし、第2段階は2点のゲートを追加する。

⑫1回のゲームが終わった時点で、攻め方や守り方の作戦を考えたり選んだりする。

6 コツ・留意点

（1）的当てシュート競争では、的はできるだけ多く用意する。コーンと箱が交じってもよい。

（2）通り抜けシュートゲームでは、攻めより守りの人数を少なくして得点が入りやすくする。

7 ICTを活用した授業プラン

（1）周りで見ているチームにゲームの動きを撮影させる。「どんな時にたくさん点数が入ってい
　　るかな」と問い、攻め方のコツを発見させる。守りのいない所をねらったり、強いボールを蹴っ
　　たりしている時に入っていることに気づかせることができる。

（2）全身を使って守っていたり、キャッチせずに弾き返すなど守り方の上手な子供の動きを教
　　師や子供が撮影して全員で共有する。「どんなところが上手かな」と問い、映像からよい動
　　きを見つけさせ、気づいたことを書かせたり、全体で共有させたりする。

攻めがボールを打ったり蹴ったりして行うゲーム（その2）「シュートゲーム」

年　　組　　番（　　　　　　　　　）

レベル	内容	やり方	振り返り
1	**的当てシュートゲーム①** 技（わざ）と自己評価（じこひょうか）のポイント 当てた的の点数を合計する。 ◎→21点以上 ○→11～20点 △→0～10点	1点 2点 3点 4点 5点 6点 7点 シュート スタート地点からシュートをする	月　　　日 ・ ・ ・ できばえ ◎ ○ △
2	**的当てシュートゲーム②** 当てた的の点数を合計する。 ◎→21点以上 ○→11～20点 △→0～10点	1点 2点 3点 4点 5点 6点 7点 シュート ドリブル ラインまでドリブルしてシュートをする	月　　　日 ・ ・ ・ できばえ ◎ ○ △
3	**的当てシュート競争** 的にボールを当てて押し込む。 ◎→3つ以上の的に当てた ○→2つの的に当てた △→1つの的に当てた	的に向かってボールを蹴り合う	月　　　日 ・ ・ ・ できばえ ◎ ○ △
4	**通り抜けシュートゲーム①** 守りをくぐり抜けてゴールをねらう。 ◎→4点以上決めた ○→2～3点決めた △→1点決めた	ラインを通したら1点	月　　　日 ・ ・ ・ できばえ ◎ ○ △
5	**通り抜けシュートゲーム②** 守りをくぐり抜けてゴールをねらう。 ◎→4点以上決めた ○→2～3点決めた △→1点決めた	ラインを通したら1点 ゲートを通したら2点	月　　　日 ・ ・ ・ できばえ ◎ ○ △

● 学習カードの使い方：できばえの評価 ●

レベルの評価： ◎よくできた／○できた／△もう少し
※振り返りには、「自分で気づいた点」と「友達が見て気づいてくれた点」の両方を書きます。

① 1人鬼

高橋久樹

1 展開

（1）学習のねらい

　①体力勝負の鬼ごっこではなく、鬼の位置、自分の位置、身体の使い方などを踏まえて作戦を立てることができる。周囲の状況を判断して勝つ方法を見つけ出すなど、中・高学年のゴール型ゲームで活かせる戦略の素地を身につけることができる。

　②仲間や自己の課題を設定して、相談し合って課題の解決を図ることができる。

（2）学習のねらいを体現する発問・指示・対話的な活動

　主体的な学びの発問・指示→どんな身体の動きをしたら、逃げられるかな。

　対話的な学びの発問・指示→チームが勝つには、どんな作戦を立てたらよいですか。

　深い学びの発問・指示→自分のチームと相手のチームの様子を比べて作戦を立てます。

指示1　しっぽ取り鬼ごっこをします。1対1で対決します。しっぽを取られたら負けです。

発問1　どんな身体の動きをしたら逃げられるかな。

説明1　フェイントをしたり、身体の向きを変えたりすると取られにくくなるよね。こうやって勝つ方法を見つけるのが、今回のお勉強です。

指示2　3対3のゲームです。1回戦を始めます。

対話的な活動1　2回戦を行います。チームが勝つには、どんな作戦がよいか作戦会議を開きます。

指示3　2回戦の振り返りを発表します。

指示4　しっぽの本数を各チーム1本にします。どんな作戦を立てたらよいか考えます。

対話的な活動2　チームで作戦会議を開きます。

指示5　3回戦を行います。

説明2　3回戦の様子をビデオに撮りました。自分のチームと相手のチームの様子を比べて、最後の作戦を考えます。

指示6　4回戦を行います。

指示7　成果や課題を学習カードに記入します。

❶指示　どんな身体の動きをしたら、逃げられるかな。

×は**❶**へ

↓

❷発問　チームが勝つには、どんな作戦がよいですか。

評価の観点　1回戦目の課題を考えて、チームで勝てるように相談している。

×は**❷**へ

↓

❸発問　しっぽの本数を各チーム1本にします。どんな作戦を立てたらよいか考えましょう。

評価の観点　チームの特性と対戦する相手の様子に応じた作戦を立てることができる。

↓

❹学習カードで評価する

□成果の確認をする。

□課題の把握をする。

2 NG事例

（1）コートの大きさを広く取りすぎてしまう。

（2）極端な体力差があるチーム編成。

（3）逃げ方の例や作戦例を紹介せず、子供任せにしてしまう。

3　場づくり

準備物／しっぽ（専用のものがなければ、ビニールひもで作成）×人数分

（1）「習得の段階」……『個人技能』しっぽを取られない動きを習得する。

※体育館半面にクラスの半数（多い場合は制限）を入れて行う。広く動けるようにする。

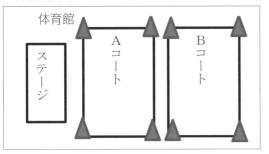

（2）「活用の段階」……『集団技能』周りを見て攻めたり逃げたりする動きを獲得する。

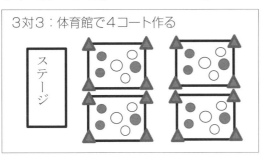

（3）「探究の段階」……『集団技能』協働的な動きを考え獲得する。

※外野からビデオ撮影をする。全体（各チームの動き）が分かるように固定カメラで行う。

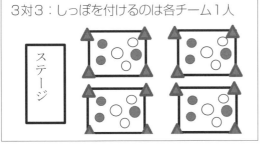

4　協働的な学びをつくる体育的コミュニケーション

　子供たちは「勝ちたい」という気持ちが強い。低学年の子供であればなおさらである。しっぽを1本にするという条件がつくことで、選択肢が生まれる。例えば「得意な子が攻めるか」「得意な子がしっぽを守るか」である。ここで子供たちの真剣な話し合いが始まる。そして、ゲーム中でも「後ろが危ない」「チャンス、○○さん取りに行って！」「相手にしっぽを見せちゃダメ」と自然と声が出るだろう。低学年では高度な意見は出ないかもしれない。

　しかし、こうして仲間を意識したり、勝つための声かけを自然と行ったりすることで、子供同士の体育的コミュニケーションが増え、動きがよくなってくる。協働的な学びを通して仲間づくりの楽しさを味わうことができ、中学年・高学年へとつながる素地を養うことができる。

5 方法・手順

（1）「習得の段階」

①短くルールの説明。　　②しっぽの取り方・逃げ方練習。　③どうすればよいかを共有。

（2）「活用の段階」……3対3のゲームを行う（4分の1コート）。

　④チーム戦、相手チームのしっぽを全部取るか、時間内（1分）に多く取れたチームの勝ち。

　⑤仲間の課題を教え合ったり、得意な子供が助けたりし、チームの力を高める。

　「相手にしっぽを見せないようにする」「苦手な子は逃げる。得意な子が攻める」など。

（3）「探究の段階」……3対3のゲームを行う（4分の1コート）。

　⑥作戦会議を開く。誰がしっぽを付けるか、どう攻めるかを考える。

　「足の速い子がしっぽを付けて、他の2人が攻める」

　「しっぽを付けた子の両サイドに立つ」「ブロックをする」など。

　⑦上手なチームの動きを取り上げて、攻めや守りのコツを発見させる。

　⑧映像を見ながら、成果と課題について振り返りを行い、次の試合に活かす。

6 コツ・留意点

（1）しっぽを取られないように、相手の動きを見てフェイントをかける。

（2）仲間が相手を惹きつけているうちに、相手の後ろをとらえるようにする。

（3）しっぽを付けた子供の両サイドを守る時、息を合わせて列を乱さないようにする。

7 ICTを活用した授業プラン

（1）「しっぽを取る秘訣を探そう！」と問い、動画（タブレット）から「左に行くと見せかけ右に回る」など、友達のよい動きを分析させ自分の動きに取り入れる。

（2）「しっぽを守る秘訣を探そう！」と問い、動画（タブレット）から「前を向きながら、前に出ると見せかけ後ろに下がる」など、友達のよい動きを分析させ自分の動きに取り入れる。

（3）相手チームと自分のチームの位置が分かるように撮影し「しっぽを付けている人に敵を近づけ、他の2人が後ろから相手のしっぽを取る」など相手チームの隙を突く作戦を立てる。

1人鬼「しっぽとり鬼ごっこ」

年　　　組　　　番（　　　　　　　　　　）

レベル	内容	やり方	振り返り
1 しっぽ取りゲーム **技と自己評価(じこひょうか)のポイント** 2分間の1対1 対戦 何回取ることができたか。 ◎→3回以上勝った ○→1〜2回勝った △→1回も勝てなかった		1回取ったら相手に戻して何度も行う	月　　　日 ・ ・ ・ できばえ ◎　○　△
2 フェイントができたか 2分間の1対1 対戦 何回フェイントをできたか。 ◎→3回以上フェイントをした ○→1〜2回フェイントをした △→フェイントをしなかった		しゃがむ、右に回ると見せて左から取る	月　　　日 ・ ・ ・ できばえ ◎　○　△
3 3対3対戦ゲーム ◎→しっぽを取られず、相手のしっぽを取った ○→しっぽを守った △→しっぽを守れなかった		協力して相手の後ろをねらう	月　　　日 ・ ・ ・ できばえ ◎　○　△
4 各チーム1本でゲーム ◎→しっぽを取った ○→しっぽを取れなかったが、守ることができた △→しっぽを取られた		協力して相手の後ろをねらう	月　　　日 ・ ・ ・ できばえ ◎　○　△
5 作戦を立ててゲーム ◎→しっぽを取った ○→しっぽを取れなかったが、守ることができた △→しっぽを取られた		作戦を選んだり立てたりしてゲームで試す	月　　　日 ・ ・ ・ できばえ ◎　○　△

● 学習カードの使い方：できばえの評価 ●

レベルの評価： ◎よくできた／○できた／△もう少し
※振り返りには、「自分で気づいた点」と「友達が見て気づいてくれた点」の両方を書きます。

② 手つなぎ鬼

金子真理

1 展開

（1）学習のねらい

①一定の区域で逃げたり、追いかけたり、区域を工夫して鬼遊びをすることができる。

②勝敗を受け入れ、安全に気をつけて仲よく運動することができる。

（2）学習のねらいを体現する発問・指示・対話的な活動

主体的な学びの発問・指示→捕まらないように逃げるためには、どこへ逃げればよいですか。

対話的な学びの発問・指示→手が離れないように2人で動くためにどうしたらよいですか。

深い学びの発問・指示→たくさん捕まえるためには、どんな作戦を立てたらよいですか。

説明1 逃げきったり、タッチできたりしたら1点です。

対話的な活動1 点を取るには、どうしたらよいですか。

説明2 ジャンケンの勝敗が決まったら素早く動きます。

指示1 2回戦。4回勝負をします。

指示2 何点取れましたか。手を挙げます。

（1点、2点、3点、4点。0点。）

説明3 手つなぎ鬼ごっこをします。捕まったら鬼とつながります（1回行う）。

対話的な活動2 捕まえるためには、どうしたらよいですか。作戦を立てます。

説明4 鬼で囲んだり、逃げられないようにしたりしたらいいですね（1回行う）。

説明5 捕まらないためには、どこへ逃げればよいですか。

説明6 鬼がいないところや回りこんで逃げる、鬼の間を抜けるとよいですね。

指示3 次は、鬼が4人に増えたら、2人ずつに分かれて手つなぎ鬼ごっこをやってみます。

❶指示 逃げきったり、タッチできたりしたら1点です。

↓

❷発問 点を取るには、どうしたらよいですか。

評価の観点 ジャンケンの勝敗が決まったら素早く動く。

↓

❸発問 捕まえるためには、どうしたらよいですか。

評価の観点 逃げる場所をなくすように動く。

↓

❹発問 捕まらないためにはどこへ逃げたらよいですか。

評価の観点 ずっと走るのではなく、周りを見て考える。

↓

❺学習カードで評価する

□成果の確認をする。

□課題の把握をする。

×は❷へ

2 NG事例

（1）手をつなぐのを嫌がる。

（2）自分勝手に走ってしまう。

（3）運動する場の広さを広くし過ぎたり、狭くし過ぎたりする。

❸ 場づくり

準備物／カラーコーン

（1）「習得の段階」……2人での基本的な動きを習得する。

コーンはバラバラに
置くとよい。

▲ケンケンパ

▲コーンを回る

▲コーンを避ける

（2）「活用の段階」……場に合わせて工夫した動きを身につける。

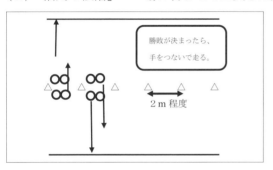

勝敗が決まったら、
手をつないで走る。

2m程度

▼○内の子供が勝ち

▲勝ったペアが追いかける

（3）「探究の段階」……集団での動きを獲得する。

活動する場所を
コーンや線で決
める。

15～20m程度（人数によって調整する）

❹ 協働的な学びをつくる体育的コミュニケーション

　子供の実態を見ると、他人とペースを合わせて動くことが苦手になっている子供が多くなっ
たと感じる。そこで、鬼遊びをする前に、2人で歩く・スキップする・ジャンプする・ケンケ
ンパをするなど、手が離れないように動く活動を行う。手つなぎ鬼ごっこでは、誰を追いかけ
るのか、手や体から相手の意思を感じて行動したり、実際に話をしたり、指で指したりするこ
とで意思を伝え合いながら行う。鬼同士では、4人になったら遅くなるので、2人ずつに分か
れる作戦にする。逃げるもの同士では、バラバラの方向に逃げるなどの作戦を考えることで、
体育的コミュニケーションを取りながら、よりよい方法を自分たちで見つけることができる。

5　方法・手順

（1）「習得の段階」……２人で手をつないでいろいろな動きを行う。

　①歩く（前、横、後ろ、大股）、スキップ、ケンケンパなどで一緒に動く練習をする。

　②手が離れないように気をつけて、コーンを回る。コーンを避ける（○個、○分で）。

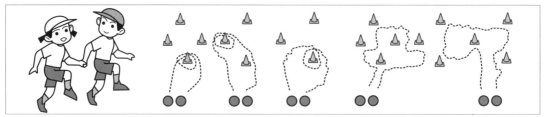

　　　▲スキップ等　　　▲コーンを回る（②）　　　▲コーンを避ける（②）

（2）「活用の段階」……手つなぎジャンケンで逃
　　　げる・追いかける動きを身につける。

　③２人ペアで向かい合って、ジャンケンをする。
　　勝った方が負けた方を追いかける。線まで逃
　　げきったら勝ち。タッチされたら、負け。

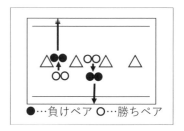

●…負けペア　○…勝ちペア

（3）「探究の段階」……手つなぎ鬼ごっこの逃げ方、捕まえ方の作戦を考える。

　④逃げる作戦を考える。「速く走る」「右・左逃げ」「ジグザグ逃げ」などで逃げる。

　⑤捕まえる作戦を考える。「よく見て」「広がって」「逃げられなくする」などで追いかける。

　⑥鬼同士、逃げる者同士で話し合い、作戦を考える。

6　コツ・留意点

（1）鬼がいない場所に逃げる。

（2）追いかけられたら、右や左に方向を変えて逃
　　げる。

（3）途中で止まって周りを見て、逃げる方向や
　　追いかける方向を決める。

（4）多くの人数を活かして、囲い込んだり、逃げ
　　道をなくしたりして、逃げる人を捕まえる。

（2）逃げる時
方向を変える

（4）追いかける時
囲む

7　ICTを活用した授業プラン

（1）手つなぎ鬼ごっこをしている様子を撮影し、鬼から逃げるためには、鬼がいない所や見て
　　いない所に逃げたり、体をひねって逃げたりすればよいことを見つける。

（2）追いかける時には、行く方向を指さしたり、誰を追いかけるか話したりして、鬼が協力し
　　て行うとよいことを見つける。

（3）鬼同士では「４人になったら２人」作戦、逃げる者同士では「バラバラ逃げ」作戦のよう
　　にどういう作戦にすれば上手にできるのか考えて、鬼ごっこを行う。

「手つなぎ鬼」

年　　組　　番（　　　　　　　　　　）

レベル	内容	やり方	振り返り
1 基本的な動き 技と自己評価のポイント 2人で一緒にいろいろな運動をする。 ◎→手をつないでできる ○→1度手が離れる △→2度手が離れる		ケン　ケン　パッ 歩く、スキップ、ケンケンパなど	月　　日 ・ ・ ・ できばえ ◎ ○ △
2 コーンを使う コーンを回る。避ける。 ◎→手をつないでできる ○→1度手が離れる △→2度手が離れる		コーンを回る　コーンを避ける	月　　日 ・ ・ ・ できばえ ◎ ○ △
3 手つなぎジャンケン じゃんけんで勝った方が追いかける。 ◎→3点取れた ○→1〜2点取れた △→点が取れなかった		ジャンケンポン！ 負けたら逃げる　勝ったら追いかける	月　　日 ・ ・ ・ できばえ ◎ ○ △
4 手つなぎ鬼① 捕まらないように逃げる(2回以上行う)。 ◎→すべて逃げた ○→1回捕まる △→全部捕まる		速く逃げる　右・左に逃げる	月　　日 ・ ・ ・ できばえ ◎ ○ △
5 手つなぎ鬼② 逃げる人を捕まえる。 ◎→3人捕まえた ○→1〜2人捕まえた △→捕まえられなかった		よく見て　囲む	月　　日 ・ ・ ・ できばえ ◎ ○ △

―――●学習カードの使い方：できばえの評価●―――

レベルの評価： ◎よくできた／○できた／△もう少し
※振り返りには、「自分で気づいた点」と「友達が見て気づいてくれた点」の両方を書きます。

③ 氷鬼

大松幹生

1 展開

（1）学習のねらい

　①一定の区域で逃げる、追いかける、静止する、助けるといった動きによって、ゲームの楽しさに触れ、その行い方を知ることができる。

　②攻めや守りの動きによって易しいゲームをしたり、少人数で連携して相手をかわしたり、走り抜けたりする行き方について、動作や言葉で友達に伝えることができる。

（2）学習のねらいを体現する発問・指示・対話的な活動

　主体的な学びの発問・指示→助けは呼んだ方がよいですか。

　対話的な学びの発問・指示→どう進んだら天国（ゴール）へ行きやすくなりますか。

　深い学びの発問・指示→全員が天国へ行くには、どんな作戦を立てればよいですか。

指示1　火の輪氷鬼をします。全員が鬼です。他の子供にタッチされたら「気をつけ」の格好で凍ります。火の神にフラフープをかぶせてもらったら氷が溶けて復活できます。(開始指示略)

発問1　助けは呼んだ方がよいですか。

指示2　天国地獄氷鬼をします。地獄から天国を目指して逃げます（場づくり参照）。天国についた人は、フラフープを持って火の神になります。A・B班が鬼。川へ移動します。

対話的な活動1　どう進めば天国へ行きやすいですか。
　　　　　ア）ジグザグに走る　イ）友達と一緒に走る　ウ）鬼のいない場所へ走る　エ）仲間を助ける

指示3　2回目は、○班と○班が鬼です。(開始指示略)

対話的な活動2　全員が天国へ行くには、どんな作戦を立てればよいですか。班で話し合います。

指示4　3回目をします。班で話し合った行き方で天国を目指します。鬼は○班と○班です。

指示5　うまくいったことや、次にがんばりたいことを学習カードに書きます。

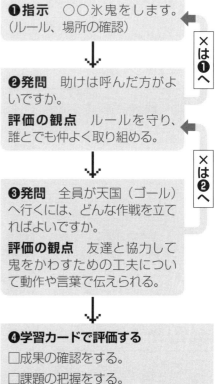

❶指示　○○氷鬼をします。（ルール、場所の確認）

↓

❷発問　助けは呼んだ方がよいですか。

評価の観点　ルールを守り、誰とでも仲よく取り組める。

×は**❶**へ

↓

❸発問　全員が天国（ゴール）へ行くには、どんな作戦を立てればよいですか。

評価の観点　友達と協力して鬼をかわすための工夫について動作や言葉で伝えられる。

×は**❷**へ

↓

❹学習カードで評価する
□成果の確認をする。
□課題の把握をする。

2 NG事例

（1）走りの得意な子供だけが活躍する。

（2）鬼の人数が多過ぎて、捕まった子供を助けることができない。

（3）ゴールの行き方が分からない班に、工夫の例を紹介しない。

3 場づくり

準備物／カラーコーン、マーカーコーン、フラフープ

（1）「習得の段階」……一定の区間で、簡単なゲームのルールを守って仲よく活動できる。

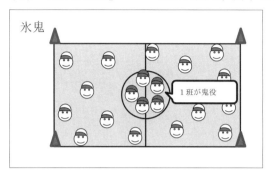

「氷り方」　　　　　「助け方＝逃げ役」

両手でタッチ！

両手を広げて凍る

（2）「活用の段階」……助け役と逃げ役、それぞれの動きに応じた多様な動きを身につける。

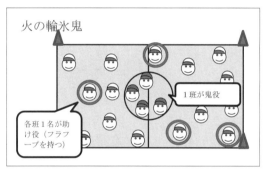

「逃げ役」　　　「助け役＝各班に1名程度」
ジグザグ

ジグザグに走って鬼のスピードを下げよう

鬼をかわして、フラフープで上から通り抜け！

タッチはなし！

（3）「探究の段階」……簡単な攻め方の工夫をして、より楽しく氷鬼で遊ぶことができる。

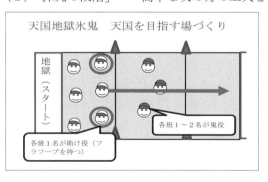

「逃げ役」　　　　　　　「助け役」
同時に交差　　　　　　おとり作戦

4 協働的な学びをつくる体育的コミュニケーション

　　対話的な活動2では、「全員が天国へ行く」ための作戦を考えさせる。この際、氷鬼の特性である「凍った仲間を助ける」ことにも目を向けさせたい。全員が天国へ行くためには、助け役の子供が「仲間を助ける」ことが欠かせないためである。鬼チームは鬼の気をそらす作戦として、「①凍った仲間の反対側を通り抜ける」「②複数で同時に通り抜け鬼の気をそらす」「③助け役が①や②とタイミングを合わせる」など、鬼の気をそらす作戦を立させたい。また、「捕まった時は、助けを呼ぶか」を問いかけたい。子供たちから「鬼が離れたら呼ぶ」などの工夫や、「助けてくれてありがとう」などの声が上がると、ゲーム中のコミュニケーションは活性化していく。

5 方法・手順

（1）「習得の段階」……一定の区間で、簡単なゲームのルールを守って仲よく活動できる。

　　①限定された場所で逃げる。　②助けの呼び方。　　　　③仲間の助け方。

　　・逃げる範囲・時間の限定。　・鬼がいない間に呼ぶ。　・「○○タッチ」等。

　　　　　　　　　　　　　　　・名前をつけて助けを呼ぶ。・フラフープにつなげる。

（2）「活用の段階」……助け役と逃げ役、鬼役それぞれで多様な動き方を工夫する。

　　④助け役は「おとり作戦」や複数で助けに行くことで鬼の気をそらす。

　　⑤逃げ役は、ジグザグに逃げたり、円形に逃げたりするなど工夫する。

　　⑥鬼役は体の向きや、目の向きを変えてフェイントをかける。

（3）「探究の段階」……攻め方や助け方の工夫をする。

　　⑦助け役は「おとり作戦」など仲間を助けるための方法を相談す
　　　る。おとりを使って助けたり、複数で同時に助けに行ったりする。

　　⑧逃げ役は天国へ行くために川の渡り方を工夫する。「1人で渡る」
　　　「何人かで一斉に渡る」などの作戦を試す。

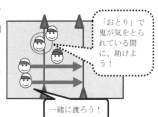

　　⑨全体で、どんな作戦があったか、どの作戦がよかったかを話し
　　　合い、作戦を選んだり新たな工夫を付け加えたりする。

6 コツ・留意点

（1）走るのが苦手な子供もフラフープを使った「助け役」があると活躍できたり、「逃げ役」に
　　なっても助け役に助けてもらったりするため、運動量を確保しやすい。

（2）助け役は、鬼の気がそれている時に呼ぶことに気づかせる。また、逃げ役は、鬼の気がそ
　　れるように協力して逃げることに気づかせる。

（3）天国地獄氷鬼は、逃げ役が攻め、鬼が守りとなる攻防型のゲームである。ゴールした後は、
　　「助け役になれる」など、常に全員活動できるようルールを工夫する。

7 ICTを活用した授業プラン

（1）「上手に鬼をかわす秘密を探ろう！」と問い、「おとり作戦」や「複数で一斉に渡る」など
　　のよい動きを分析させ、上手に攻めるコツを発見させる。

（2）タブレットで工夫の見本映像をいくつか見られるようにし、班ごとにどんな工夫をするか
　　決める際の参考にさせる。

（3）天国地獄氷鬼での動きをタブレットで撮影し、後で逃げ役や助け役のよい動きを見つけさせ、
　　交流する。次回の個人の動きや、ペアをつくって進み方や助け方などの作戦を考えさせる。

「氷鬼」
（こおりおに）

年　　組　　番（　　　　　　　　）

レベル	内容	やり方	振り返り
1 氷鬼（こおりおに）	**技（わざ）と自己評価（じこひょうか）のポイント** 鬼（おに）にタッチされたら凍る。 （逃げ方のポイント） ◎→鬼に捕まらず逃げて仲間を1人は助ける ○→仲間を1人は助ける △→1人も助けられない	鬼のいない所へ逃げる　　タッチで助ける	月　　日 ・ ・ ・ できばえ ◎ ○ △
2 火の輪氷鬼（ひのわこおりおに）	火の輪をくぐると助かる。 （助け方のポイント） ◎→おとり作戦で仲間を1人は助ける ○→仲間を1人助ける △→鬼に仲間を守られる	ぼくがおとりになるよ！ おとり作戦	月　　日 ・ ・ ・ できばえ ◎ ○ △
3 天国地獄氷鬼（てんごくじごくこおりおに）	鬼をかわしてゴール（天国）を目指す。 （川を渡るポイント） ◎→攻めの人で助け合って川を渡り、1人は助ける ○→鬼をかわして川を渡る △→1つも川を渡れない	○○さん、助けて！ 交差で渡ろう！ 鬼をかわして川を渡る	月　　日 ・ ・ ・ できばえ ◎ ○ △
4 天国地獄氷鬼②（てんごくじごくこおりおに②）	（助け方のポイント） ◎→川を渡り、仲間を1人は助ける ○→2～3人で作戦を立て、仲間を1人は助ける △→仲間を助けようとしなかった	2～3人で助ける 2～3人で仲間を助ける	月　　日 ・ ・ ・ できばえ ◎ ○ △

学習カードの使い方：できばえの評価

レベルの評価：◎よくできた／○できた／△もう少し
※振り返りには、「自分で気づいた点」と「友達が見て気づいてくれた点」の両方を書きます。

53

④ 宝取り鬼（その1）

小野正史

1 展開

（1）学習のねらい

①一定の区域や用具で、逃げる、追いかけるなどの簡単な規則で鬼遊びができる。

②チームや自分の目当てをもって、協力して、鬼遊びができる。

③ルールを守り友達と関わり合いながら仲よく運動ができる。

（2）学習のねらいを体現する発問・指示・対話的な活動

主体的な学びの発問・指示→鬼に捕まらない動き方のコツを見つけます。

対話的な学びの発問・指示→仲間とどのような動き方をすると宝をよく取れますか。

深い学びの発問・指示→チームで協力してたくさん宝を取るには、どんな作戦を立てたらよいですか。

指示1 線鬼をします。線の上を逃げ、鬼にタッチされたら帽子を赤にして交代します。2分です。

指示2 ジグザグ走りをします。素早くコーンにタッチし走り抜けます。タッチする数を増やしたりタッチする順を工夫したりします。

指示3 2対1で宝取り鬼をします。鬼に捕まらずに宝を取ります。2分で交代します。

指示4 鬼に捕まらない動き方のコツを見つけます。

対話的な活動1 仲間とどのような動き方をすると宝をよく取れますか。

指示5 4対4でゲームをします。タッチされたらスタートゾーンから再スタートします。

対話的な活動2 チームで協力してたくさん宝を取るには、どんな作戦を立てたらよいですか。

説明1 鬼の動きをよく見て、鬼を引きつけて味方を助けたり、同時に動いたりして、協力してコートを幅広く使うと捕まりづらいです。

指示6 成果や課題を学習カードに記入します。

❶**指示** 鬼に捕まらない動き方のコツを見つけます。

×は❶へ

↓

❷**指示** 仲間とどのような動き方をすると宝をよく取れますか。

評価の観点 ジグザクに動いたり鬼を引きつけたりして鬼を避ける動きを見つけることができる。

×は❷へ

↓

❸**発問** チームで協力してたくさん宝を取るには、どんな作戦を立てたらよいですか。

評価の観点 得点につながる作戦を考えることができる。

↓

❹**学習カードで評価する**

□成果の確認をする。

□課題の把握をする。

2 NG事例

（1）勝敗を受け入れられない子供を叱る。

（2）動きの速い一部の子供だけが活躍し、宝を取れない子供が出る。

（3）作戦の立て方が分からないチームに、作戦のアイデアを紹介しない。

3 場づくり

準備物／紅白玉、コーン、フラフープ

（1）「習得の段階」……『個人技能』走り抜ける様々な動きを身につける。

線鬼ごっこ

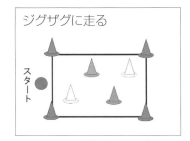

ジグザグに走る

体育館の線を利用し、範囲を決める。

4m×8mぐらいのコート。色違いコーンを4つ置く。

コーンをタッチして走り抜ける。

（2）「活用の段階」……『個人技能＋集団技能』攻めや守りに必要な動きを身につける。

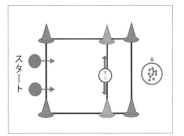

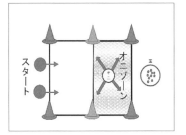

鬼は線の上だけ動ける。

鬼はオニゾーンを自由に動ける。

（3）「探究の段階」……『集団技能』他の人と協力し連携した攻守の仕方を身につける。

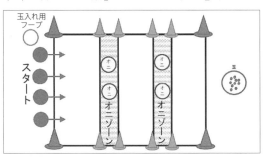

4 協働的な学びをつくる体育的コミュニケーション

「上手なチームから点の取り方の秘密を見つけよう」という活動を設ける。まとまって動いている、広がって動いている、人がいない隙間のところに動いている、おとりを使って動いているなどの発言がある。これらを全体で共有する。良い動きをしようと、子供たち同士で声をかけ合ったりする体育的コミュニケーションが増える。「どうすればもっと宝を取れるかな」「みんなが点を取るためにはどうするとよいかな」とチームで作戦を考える時間を設ける。

　また、動きを練習する時間も取る。作戦がうまくできたところを見つけて褒め全体に紹介する。また、失敗しても「ナイスチャレンジ」と声をかけ合う。友達と関わることで楽しくなる。協働的な学びを通して友達とゲームをする楽しさを味わうことができる。

1 低学年　ゲーム・鬼遊び

2 中学年　ゲーム

3 高学年　ボール運動

5　方法・手順

（1）「習得の段階」……線鬼やジグザグに走ったりして、走り抜ける様々な動きを身につける。

  ①4つのコーンに順番にタッチして走り抜ける。

  ②好きなコーン1つにタッチして走り抜ける。

  ③タッチするコーンの数を増やす。好きな順にタッチさせたり先生が鬼の役になり、任意のコーンの所に立って捕まえられないように走り抜ける体験をさせたりする。

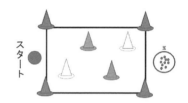

（2）「活用の段階」……2対1で宝取りをし、仲間と協力する（5×10mぐらいのコート）。

  ④2対1で宝取り鬼をする。鬼は線上を動く。2分で交代。

  ⑤上手な子供の動きを取り上げて、鬼に捕まらない動き方のコツを発見させる。

  ⑥オニゾーンを広げて、レベルを上げる。

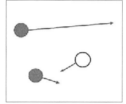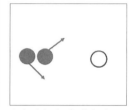

▲鬼を引きつける　　　　　　　　　　　▲まとまりから分かれる

（3）「探究の段階」……4対4のゲームを行う（12×20mくらいのコート）。

  ⑦習得した技術を活かして、宝取り鬼をする。3分で攻守交代する。

  ⑧チームで作戦を考え、「鬼引きつけ作戦」「かたまりから分かれる作戦」「クロスファイアー作戦」などを試す。

  ⑨全体でどんな作戦があったか、どんな作戦がよかったかを話し合う。

  チームで相談して作戦を選んだり工夫を加えたりする。

6　コツ・留意点

（1）鬼に捕まらない動きの上手な子供を発見させ、動きを真似させる。

（2）2対1の宝取り鬼では、2人で声をかけ合ったり合図をしたりするなど、連携させる。

（3）4人全員が宝を取ったらボーナス1点など、全員が活躍できるルールを工夫する。

7　ICTを活用した授業プラン

（1）ゲームで走り抜ける動きの上手な子供の動きを撮影し、走るコースや、走るスピードの緩急、フェイントなどの動きのコツを発見させる。

（2）パソコンで「鬼引きつけ作戦」や「かたまりから分かれる作戦」「クロスファイアー作戦」などの見本映像を見られるようにし、チームで作戦を話し合う際の参考にさせる。

（3）宝取り鬼を撮影し、点を取る時にうまくいった作戦はどうか確認したり、守るときにどこから走り抜けられるのか、次にどう守るかなど、チームの連携の仕方を工夫する。

「宝取り鬼（その1）」

年　　　組　　　番（　　　　　　　　　　）

レベル	内容	やり方	振り返り
1 基本的な動き	**技と自己評価のポイント** 素早く走り抜ける。 ◎→タッチの順を工夫した ○→コーン4つにタッチできた △→止まらずジグザグに走れた	スタート 素早く走る	月　　　日 ・ ・ ・ できばえ ◎ ○ △
2 2対1 （鬼は線の上）	鬼をかわして宝を取る。 ◎→2人とも宝を取った ○→味方を助ける動きができた △→隙を見て走ることができた	玉入れ用フープ スタート オニ 玉 隙を見て素早く走る	月　　　日 ・ ・ ・ できばえ ◎ ○ △
3 2対1 （広いオニゾーン）	2人で協力して宝を取る。 （広いオニゾーン） ◎→2人とも宝を取った ○→味方を助ける動きができた △→隙を見て走ることができた	玉入れ用フープ スタート オニゾーン オニ 玉 引きつけたり、2人でまとまったりする	月　　　日 ・ ・ ・ できばえ ◎ ○ △
4 宝取り鬼 （全面）	チームで協力して、宝を取る。 （チームで取った数） ◎→10個取った ○→5個より多くできた △→5個より少なかった	玉入れ用フープ スタート オニ オニ オニゾーン オニゾーン 玉 作戦を選んだり、立てたりして試す	月　　　日 ・ ・ ・ できばえ ◎ ○ △

● 学習カードの使い方：できばえの評価 ●

レベルの評価： ◎よくできた／○できた／△もう少し
※振り返りには、「自分で気づいた点」と「友達が見て気づいてくれた点」の両方を書きます。

⑤ 宝取り鬼（その2）

角家 元

1 展開

（1）学習のねらい

①しっぽを取られないように相手のいない場所に素早く動いたり、相手の動きをよく見てしっ
ぽを取ったりして、ゲームを楽しむことができる。

②チームの課題を設定して、互いに協力しながら、ゲームをすることができる。

（2）学習のねらいを体現する発問・指示・対話的な活動

主体的な学びの発問・指示→相手のしっぽを取ります。自分以外は全員鬼です。

　　　　　　　　　　　　　→チームで協力して相手チームのしっぽを取ります。

対話的な学びの発問・指示→相手をかわすには、どう動けばよいですか。

深い学びの発問・指示→もっと得点を増やすには、チームとしてどう動けばよいですか。

指示1　相手のしっぽを取ります。自分以外は全員鬼です。

指示2　チームで協力して相手チームのしっぽを取ります。

指示3　しっぽ取りゲームをします。攻めがゴールするか、守りがしっぽを取るかで交代です。

発問1　相手をかわすには、どう動けばよいですか。

説明1　相手のいない場所に素早く移動します。

指示4　3対2でしっぽ取りゲームをします。

指示5　宝取り鬼をします。宝の数が多いチームが勝ちです。

発問2　もっと得点を増やすには、チームとしてどう動けばよいですか。

対話的な活動1　チームで作戦会議を開きます。

指示6　チームで立てた作戦で2回戦をします。

発問3　さらにどんな作戦を立てたらよいですか。

対話的な活動2　チームで作戦会議を開きます。

説明2　もっと得点を増やすには、チームで協力して動くことが大切です。

指示7　成果や課題を学習カードに記入します。

❶**指示**　相手のしっぽを取ります。自分以外は全員鬼です。

↓

❷**指示**　チームで協力して相手チームのしっぽを取ります。

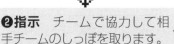

×は❷へ

↓

❸**発問**　相手をかわすには、どう動けばよいですか。

評価の観点　相手のいない場所を見つけて素早く移動している。

×は❸へ

↓

❹**発問**　もっと得点を増やすには、チームとしてどう動けばよいですか。

評価の観点　チームの課題に応じた作戦を立てることができる。

↓

❺**学習カードで評価する**

□成果の確認をする。

□課題の把握をする。

2 NG事例

（1）相手をかわすよい動きを紹介せず、一部の足の速い子供だけが活躍する。

（2）守りの人数が多くて、なかなか宝を取れない子供が出てくる。

❸ 場づくり

準備物／タグ（1人2本）、紅白玉、カラーコーン、マーカーコーン、タブレット、ミニホワイトボード、かご

（1）「習得の段階」……『個人技能』しっぽを取ったり相手をかわしたりする動きを習得する。

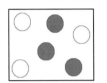

しっぽ取り鬼（個人）

自分以外のしっぽを取る
自分のしっぽを全部取られ
ても続ける
制限時間内で取ったしっぽ
の数を競う

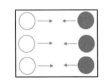

しっぽ取り鬼（チーム）

相手チームのしっぽを取る
自分のしっぽを全部取られ
ても続ける
制限時間内で取ったしっぽ
の数を競う

（2）「活用の段階」……『個人技能＋集団技能』攻めや守りに必要な動きを身につける。

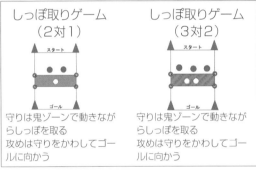

しっぽ取りゲーム（2対1）

守りは鬼ゾーンで動きなが
らしっぽを取る
攻めは守りをかわしてゴー
ルに向かう

しっぽ取りゲーム（3対2）

守りは鬼ゾーンで動きなが
らしっぽを取る
攻めは守りをかわしてゴー
ルに向かう

（3）「探究の段階」……『集団技能』チームで決めた作戦にそった動きを身につける。

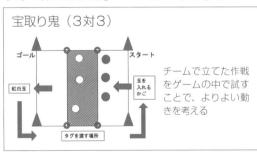

宝取り鬼（3対3）

チームで立てた作戦
をゲームの中で試す
ことで、よりよい動
きを考える

❹ 協働的な学びをつくる体育的コミュニケーション

　探究場面では、試しのゲーム（1回戦）を行った後で、「もっと得点を増やすためにチームとしてどう動けばよいですか」と問う。チームごとに作戦を立てる時間を設定する。向こうに行くと見せかけて逆方向に行く「フェイント作戦」や、1人がおとりになって守りを引きつけている間に残りの人が一気に走り抜ける「おとり作戦」など、子供から多様な考えが出るだろう。

　それらの考えをすべて認めた上で、実際に自分たちの作戦で2回戦を行ってみる。自分たちの作戦が上手くいき、得点が増えるとゲームがより楽しくなる。友達との関わりも増える。協働的な学びを通して、仲間作りの楽しさを味わうことができる。

5　方法・手順

（1）「習得の段階」……しっぽ取り鬼（個人戦・チーム戦）をする（全面コート）。

　①自分以外のしっぽを取る。自分のしっぽを全部取られても、相手のしっぽを取り続ける。

　②相手チームのしっぽを取る。自分チームのしっぽを全部取られても、相手チームのしっぽ
　　を取り続ける。制限時間内にチームとして何本しっぽを取ったかを競う。

（2）「活用の段階」……しっぽ取りゲーム（2対1、3対2）を行う（半面コート）。

　③攻めがゴールするか，守りがしっぽを取ったらゲームを区切り，攻めや守りを交代する。

　④上手な子供の動きを取り上げて、しっぽを取られない動きのコツを発見させる。

（3）「探究の段階」……宝取り鬼（3対3）を行う（半面コート）。

　⑤習得した技術を活かして、宝取り鬼をする。

　⑥試しのゲーム（1回戦）を行った後、チームで作戦を考える。

　⑦2回戦でチームの作戦を試す。成果と課題を振り返る。

　⑧振り返りをもとに、新たな作戦を立てる。

6　コツ・留意点

（1）しっぽを取る時は、自分に近い方のしっぽを取ると取りやすい（衝突防止にもなる）。

（2）チームでしっぽを取る時は、同じチームの仲間同士で声をかけ合う。

（3）しっぽ取りゲームの攻めでは、鬼がいない場所をつくるための作戦を考える。

（4）しっぽ取りゲームの守りでは、鬼が1か所に集まらないような作戦を考える。

7　ICTを活用した授業プラン

（1）しっぽ取りゲームで、攻めが守りをかわす場面を撮影する。鬼のいない場所に素早く動い
　　たり、鬼をフェイントでかわしたりする動きを発見させ、「動き方のコツ」を共有する。

（2）試しのゲーム（1回戦）を撮影する。1回戦の後に動画を見て、「おとり作戦」や「フェイン
　　ト作戦」など、2回戦に向けて自分のチームに必要な作戦を立てる。

（3）2回戦の勝敗と得点を見て、チームの作戦が有効だったかを話し合う。作戦の修正では、
　　タブレットと一緒にミニホワイトボードを活用することで、作戦の可視化を図る。

宝取り鬼（その2）「しっぽ取り鬼・宝取り鬼」

年　　組　　番（　　　　　　　　　）

レベル	内容	やり方	振り返り
1 しっぽ取り鬼（個人） 技と自己評価のポイント 相手のしっぽを取る。 ◎→3つ取れた ○→1つ取れた △→1つも取れなかった		自分の体に近いしっぽを取る	月　　日 ・ ・ ・ できばえ ◎ ○ △
2 しっぽ取り鬼（チーム） 相手チームのしっぽを取る。 ◎→3つ取れた ○→1つ取れた △→1つも取れなかった		同じチームの仲間同士で声をかけ合う	月　　日 ・ ・ ・ できばえ ◎ ○ △
3 しっぽ取りゲーム（2対1） しっぽを取られずにゴールする。 ◎→しっぽを取られずにゴールできた ○→しっぽを1つ取られた △→しっぽを2つ取られた		フェイント作戦やおとり作戦などを使う	月　　日 ・ ・ ・ できばえ ◎ ○ △
4 しっぽ取りゲーム（3対2） しっぽを取られずにゴールする。 ◎→しっぽを取られずにゴールできた ○→しっぽを1つ取られた △→しっぽを2つ取られた		フェイント作戦やおとり作戦などを使う	月　　日 ・ ・ ・ できばえ ◎ ○ △
5 宝取り鬼（3対3） チームで協力して宝を運ぶ。 （制限時間1分） チームで運んだ宝の数を競う。 ◎→10個以上運んだ ○→5個以上運んだ △→5個より少なかった		よりよい作戦を立ててゲームで試す	月　　日 ・ ・ ・ できばえ ◎ ○ △

● 学習カードの使い方：できばえの評価 ●

レベルの評価： ◎よくできた／○できた／△もう少し
※振り返りには、「自分で気づいた点」と「友達が見て気づいてくれた点」の両方を書きます。

61

⑥ ボール運び鬼

三島麻美

1 展開

（1）学習のねらい

①簡単なルールの鬼遊びを楽しみながら、一定の区間の中で、逃げる、追いかけるなどの素早い動きを身につけることができる。

②鬼遊びの楽しさに触れ、チームで作戦を考えたり、勝敗を受け入れたりしながら楽しくゲームができる。

（2）学習のねらいを体現する発問・指示・対話的な活動

　主体的な学びの発問・指示→鬼にタグを取られない「動き方のコツ」を見つけます。

　対話的な学びの発問・指示→ゲームで困ったことやうまくいかなかったことはありますか。

　深い学びの発問・指示→たくさんボールを運ぶには、どんな作戦を立てたらよいですか。

指示1　2人1組でタグ取りゲームをします。取ったら「タグ！」と言います。1分で交代です。

指示2　チームに分かれてタグ取り鬼ごっこをします。タグは、1人2本まで取ることができます。

指示3　鬼にタグを取られない「動き方のコツ」を見つけます。

指示4　鬼ゾーンを決めてタグ取り鬼ごっこをします。タグを1本も取られずゴールした人数がタグチームの得点です。

対話的な活動1　ゲームで困ったことやうまくいかなかったことはありますか。

指示5　ゲームをレベルアップします。タグチームは、ボールを持ってゴールまで運びます。鬼は、鬼ゾーンの外には出られません。

対話的な活動2　たくさんボールを運ぶには、どんな作戦を立てたらよいですか。

説明1　勝つためには、作戦を立てて、チームで協力して動くことが大切です。

指示6　成果や課題を学習カードに記入します。

❶**指示**　チームに分かれてタグ取り鬼ごっこをします。

×は❶へ

↓

❷**指示**　鬼にタグを取られない「動き方のコツ」を見つけます。

評価の観点　左右に動いたり、体をひねったりして鬼を避ける動きを見つけることができる。

×は❷へ

↓

❸**発問**　たくさんボールを運ぶには、どんな作戦を立てたらよいですか。

評価の観点　得点につながる作戦を考えることができる。

↓

❹**学習カードで評価する**

□成果の確認をする。

□課題の把握をする。

2 NG事例

（1）タグの付け方やタグを取る時のルールを設定しない。

（2）鬼ゾーンの数や鬼の人数を指定せず、鬼が1か所に集まる。

（3）うまくいかなかったことや困ったこと、作戦のアイデアなどを全体で共有しない。

3 場づくり

準備物／タグ、三角コーン（三角コーンでタグ取りゲームの範囲を指定する場合）、フラフープ
（1）「習得の段階」……『個人技能』基本的なタグの付け方、取り方を習得する。

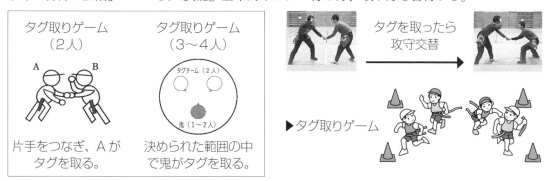

タグ取りゲーム
（2人）

片手をつなぎ、Aが
タグを取る。

タグ取りゲーム
（3〜4人）

決められた範囲の中
で鬼がタグを取る。

タグを取ったら
攻守交替

▶タグ取りゲーム

（2）「活用の段階」……『個人技能＋集団技能』タグを取られない動きのコツを見つける。

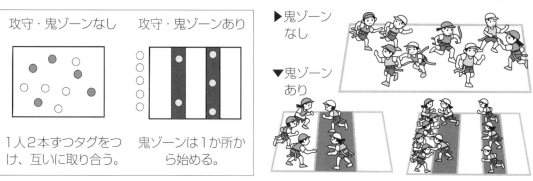

攻守・鬼ゾーンなし

1人2本ずつタグをつ
け、互いに取り合う。

攻守・鬼ゾーンあり

鬼ゾーンは1か所か
ら始める。

▶鬼ゾーン
なし

▼鬼ゾーン
あり

（3）「探究の段階」……『集団技能』集団で決めた作戦にそった動きを獲得する。

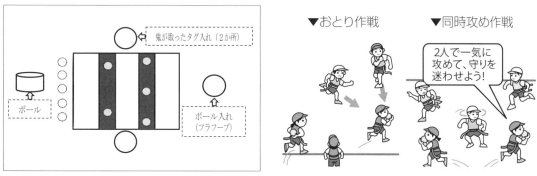

鬼が取ったタグ入れ（2か所）

ボール

ボール入れ
（フラフープ）

▼おとり作戦

▼同時攻め作戦

2人で一気に
攻めて、守りを
迷わせよう！

4 協働的な学びをつくる体育的コミュニケーション

「勝つための作戦をチームで考えよう」と、チームで作戦を考える時間を設定する。1人が「お
とり」になって先にスタートし、鬼が「おとり」に集まった隙に空いた場所から複数で抜ける「お
とり作戦」や、攻める時に複数で同時にスタートし、鬼を慌てさせる「同時攻め作戦」などの
アイデアが子供から出る。ゲームで実践させた後、全体に「どんな作戦がありましたか」と問い、
共有する。よい作戦をチームに取り入れようと、子供同士の体育的コミュニケーションが増え、
思考場面も増える。うまくいかなかったことも共有し、課題を解決する方法も考えさせる。作
戦によってゲームが面白くなると、チームで協力するよさを感じることができる。

1
低学年　ゲーム・鬼遊び

2
中学年　ゲーム

3
高学年　ボール運動

5　方法・手順

（1）「習得の段階」……タグの付け方と取り方を覚え、簡単なタグ取りゲームを行う。

　　①タグの付け方。　　②タグを取ったら「タグ！」と言う。　　③範囲と時間を決めたタグ取り。

（2）「活用の段階」……チームでタグ取り鬼ごっこを行い、動き方の工夫を見つける。

　　④2チームで攻守のないタグ取り鬼ごっこを行う。相手チームのタグは2本まで取ってよい。

　　⑤上手な子供の動きを取り上げて、タグを取られない動きのコツを発見させる。

　　⑥鬼ゾーンを決めて、攻守のあるタグ取り鬼ごっこを行う。鬼ゾーンを1か所から2か所へ、
　　　鬼の人数を2人から5人へ増やしてレベルを上げていく。

（3）「探究の段階」……チームで作戦を考えながら5対5のボール運び鬼を行う。

　　⑦習得した動き方のコツを活かして、ボール運び鬼を行う。

　　⑧チームで作戦を考え、「おとり作戦」「同時攻め作戦」などを試す。

　　⑨全体で、どんな作戦があったか、どの作戦がよかったかを話し合い、
　　　チームで相談して作戦を選んだり新たな工夫を付け加えたりする。

6　コツ・留意点

（1）タグを取る時は、自分に近い方の腰のタグを両手で取る。

（2）チームのタグ取り鬼ごっこでは、味方同士で集まらず、散らばるように動く。

（3）ボール運び鬼の攻撃は、鬼のいない場所をつくる作戦を立て、そこから素早く通り抜ける。

（4）ボール運び鬼の守備は、鬼が1か所に集まらないようなフォーメーションを考える。

7　ICTを活用した授業プラン

（1）タグ取りゲームで守りが上手な子供を撮影し、体を左右に動かしてフェイントをかけたり、
　　　体をひねって鬼を避けたりする「動き方のコツ」を発見させる。

（2）タブレットで「おとり作戦」や「同時攻め作戦」などの作戦の見本映像をいくつか見られ
　　　るようにし、チームで作戦を話し合う際の参考にさせる。

（3）ボール運び鬼をタブレットで撮影し、おとり以外はおとりと逆方向に動くことや、同時攻
　　　めの時も「フェイント」や「ひねり」を使うことなど、作戦の修正点に気づかせる。

「ボール運び鬼」

年　組　番（　　　　　　　　　　）

レベル	内容	やり方	振り返り
1 タグとりゲーム①	**技**と**自己評価**のポイント 自分のタグを取られない、相手のタグを取る(1分)。◎→3回より多く勝てた／○→1回勝てた／△→1回も勝てなかった	片手をつないでタグを取る　　1分で交代する	月　　日 ・ ・ ・ できばえ ◎ ○ △
2 タグ取りゲーム②	タグチームと鬼チームでタグ取りをする(1分)。◎→3回より多く勝てた／○→1回勝てた／△→1回も勝てなかった	笛がなったらタグチームと鬼チームを交代する	月　　日 ・ ・ ・ できばえ ◎ ○ △
3 タグとり鬼ごっこ①	みんなでタグを取り合う(3分)。◎→タグが3〜4本残った／○→タグが2本残った／△→タグが0〜1本残った	2本取ったら時間まで逃げる 2本取られても相手のタグは取れる	月　　日 ・ ・ ・ できばえ ◎ ○ △
4 タグとり鬼ごっこ②	タグを取られずにゴールする(3分)。◎→3回より多くゴールした／○→1回ゴールした／△→ゴールできなかった	鬼ゾーン1つ → 2つ	月　　日 ・ ・ ・ できばえ ◎ ○ △
5 ボール運び鬼①	鬼にタグを取られずにボールをゴールまで運ぶ(3分)。◎→5個より多くできた／○→3個できた／△→3個より少なかった(自分で運んだ数)	「フェイント」や「ひねり」などを使う	月　　日 ・ ・ ・ できばえ ◎ ○ △
6 ボール運び鬼②	チームで協力してボールをゴールまで運ぶ(3分)。◎→10個より多くできた／○→5個より多くできた／△→5個より少なかった(チームで運んだ数)	「おとり作戦」「同時攻め作戦」などを使う	月　　日 ・ ・ ・ できばえ ◎ ○ △

—●— 学習カードの使い方：できばえの評価 —●—

レベルの評価： ◎よくできた／○できた／△もう少し
※振り返りには、「自分で気づいた点」と「友達が見て気づいてくれた点」の両方を書きます。

2

中学年
ゲーム

ア ゴール型ゲーム

・ハンドボール　・ポートボール　・ラインサッカー
・フットサル　・タグラグビー　・フラッグフットボール

イ ネット型ゲーム

・ソフトボールを基にした易しいゲーム
・プレルボールを基にした易しいゲーム
・バドミントンを基にした易しいゲーム
・テニスを基にした易しいゲーム
・天大中小など、子供の遊びを基にした易しいゲーム

ウ ベースボール型ゲーム

・攻める側がボールを蹴って行う易しいゲーム
・手や用具などを使って打ったり、静止したボールを
　打ったりして行う易しいゲーム

① ハンドボール

飯間正広

1 展開

（1）学習のねらい

①基本的なボール操作を身につけ、空いている場所（以下、スペース）を見つけて送球したり、スペースに動いて捕球したりして、ゲームを行う。

②チームや自分のよさと課題を見つけ、互いに協力して活動する。

（2）学習のねらいを体現する発問・指示・対話的な活動

主体的な学びの発問・指示→パスをつないで得点します。

対話的な学びの発問・指示→得点しやすいパスはありましたか。

深い学びの発問・指示→パスをつなぐために、どのように動くとよいですか。

指示1　ボールを転がして、パスやシュートをします。ゴールバーの下を通過したら得点です。

指示2　2人組になって、パス練習をします。

指示3　ゲームⅠを始めます（4対4、3分程度）。

発問1　簡単に得点できたパスはありましたか。

指示4　ロングパスからシュートの練習をします。

指示5　ゲームⅡをします（4対4、3分程度）。

発問2　パスをつなぐことができましたか。

発問3　ロングパス作戦を阻止するにはどうすればよいですか。

対話的な活動1　ロングパスを阻止するための守り方を話し合います。

指示6　パスカット練習をします（守備重視）。

指示7　ゲームⅢをします（4対4、3分程度）。

発問4　パスカットはできましたか。

対話的な活動2　ロングパスが通らない場合、どんなパスをしたらよいか話し合います。

指示8　相手のいる場所に応じた、ロングパスや短いパスを練習します。

指示9　ゲームⅣをします（4対4、3分程度）。

指示10　成果や課題を学習カードに記入します。

❶指示　ゴールバーの下を通過したら得点です。

↓

❷発問　得点しやすいパスはありましたか。

評価の観点　長いパスを出すと比較的簡単に得点できることに気づく。

↓

❸発問　パスをつなぐために、どのように動くとよいですか。

評価の観点　チームの課題に応じた作戦を選び、立てることができる。

↓

❹学習カードで評価する

□成果の確認をする。

□課題の把握をする。

2 NG事例

（1）送捕球の技能差が出る、的当てゲームやドッジボールのチーム編成にする。

（2）ボールを持っている人のところに集まる。

（3）どこへ、いつ動いたらよいか分からない子供をそのままにする。

3 場づくり

準備物／ソフトドッジボール（人数の半分の個数）、三角コーン（8個×コート数）、コーンバー
（6本×コート数）、得点板

（1）「習得の段階」……『個人技能』基本的なボール操作の動きを習得する。

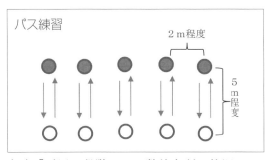

（2）「活用の段階」……数的有利な状況からスペースを見つけて、シュートをする。

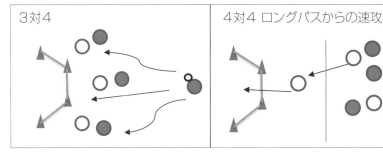

（3）「探究の段階」……『集団技能』集団での攻守入り交じった動きを獲得する。

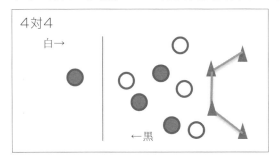

4 協働的な学びをつくる体育的コミュニケーション

　練習やゲームの時、「上手な動きを見つけたりアドバイスをしたりしよう！」という助言をする。タブレットで撮った動画を見て、友達の上手な動きを見つけたりアドバイスをしたりする。上手な動きでは、「コートの右側と左側に分かれて動いているね」とか「パスを出しやすいように、相手の後ろから回り込んでいるね」などの発言が出てくる。アドバイスでは、「○○さんが動けるように、どこに動いたらよいのか声をかけたらいいよ」などの発言が出る。

　これらの発言を共有することで、どんな動きがよいのか、どんなアドバイスをしたらよいのかイメージを持つことができる。そうすることで、話し合いの時に意見を出し合い、チームの課題を解決するアイデアを考え出すことができる。

5 方法・手順

（1）「習得の段階」

①ノールックパス（パスを出す方向とは違う方向に体や顔、目線を向けて転がす）やフェイント（転がす振りをする）などの工夫したパスの仕方を練習する。友達との間を広く空けることで、いろいろなパス練習ができる。

（2）「活用の段階」……3対4（横の半面コート）、ロングパスの練習（縦の半面コート）。

②3対4では、味方4人、相手3人でシュートにつながるパス練習を行う。

③ロングパス練習は、相手のボールをパスカットした前で始める。フォワードに向けてパスを送ると同時に、相手陣地に素早く動く（パス＆ラン）。

④動きが上手なチームを取り上げて、攻めや守りのコツを子供が発見できるようにする。

▲3対4

▲4対4

（3）「探究の段階」……4対4のゲームを行う（半面コート）。

⑤習得した技術を活かして、ゲームをする。

⑥作戦会議を開く。ゲームの結果をもとにチームで話し合う。作戦を選んだり、立てたりして、チーム練習でその作戦を試す。

⑦作戦を試した後に、成果と課題について振り返りを行う。振り返りをもとに、新たな作戦を選んだり立てたりする。

6 コツ・留意点

（1）ボールを投げる時は、投げる方を見ないようにしたりフェイントをしたりする。

（2）パスをもらう時は、合図をしてパスをもらいたいことを味方に伝える。

（3）味方同士集まらないように、フォーメーションは三角形になるように動く。

（4）相手がいないところを見つけて、フォーメーションを崩さないように素早く動く。

7 ICTを活用した授業プラン

（1）全体の場でタブレットを使って撮影した動画から友達のよい動きを見つけるためにスクリーンショットやスローモーションを活用する。（見る視点：合図、回り込み、スペース）

（2）動画撮影をする場合、攻め方や守り方の動きがよく分かるように、ゴール側から撮影する。

（3）話し合い活動では、タブレットを見ながら、「合図作戦（手を挙げたり指を差したりして、合図をしたり指示をしたりする）」や「回り込み作戦（相手がいないところに回り込む）」「見せかけ作戦（右に投げると『見せかけて』左に投げる）」などの作戦を立てる。

「ハンドボール」

年　　組　　番（　　　　　　　　　　）

レベル	内容	やり方	振り返り
1 基本的なボール操作①	技と自己評価のポイント パス練習。 ◎→相手の方を見ないで、パスができた ○→三角パスができた △→パスをした	腰を落としてパスをする	月　　日 ・ ・ ・ できばえ ◎ ○ △
2 基本的なボール操作②	パス練習（ランニングパス）。 ◎→落とさずにパスができた ○→パス&ランができた △→パスができた ※黒矢印は、ボールの動き	パスをしながらゴールまで行く	月　　日 ・ ・ ・ できばえ ◎ ○ △
3 3対4	3対4タスクゲーム（半面片側）。 ◎→合図を出して作戦通りに動けた ○→作戦通りに動けた △→友達と作戦を考えた	相手のいない場所に素早く移動する	月　　日 ・ ・ ・ できばえ ◎ ○ △
4 4対4	4対4タスクゲーム（半面）。 ◎→パスをもらってシュートを決めた ○→パスをもらった（出した） △→敵のいない場所に移動した	相手のいない場所に素早く移動する	月　　日 ・ ・ ・ できばえ ◎ ○ △
5 ゲーム（半面）	4対4のゲーム（半面）。 ◎→全員がシュートをした ○→全員にパスが渡った △→協力してできた	作戦を選んだり立てたりしてゲームで試す	月　　日 ・ ・ ・ できばえ ◎ ○ △

学習カードの使い方：できばえの評価

レベルの評価： ◎よくできた／○できた／△もう少し
※振り返りには、「自分で気づいた点」と「友達が見て気づいてくれた点」の両方を書きます。

② ポートボール

佐藤大輔

1 展開

（1）学習のねらい

①基本的なボール操作とボールを持たない時の動きによって、コート内で攻守入り交じって、ボールを手でシュートしたり、空いている場所に素早く動いたりしてゲームをすることができる。

②友達のよいところを見つけたり、作戦を選んだり伝えたりできる。

（2）学習のねらいを体現する発問・指示・対話的な活動

主体的な学びの発問・指示→ドリブルしながら、ペアの後ろについていきます。

対話的な学びの発問・指示→シュートを決めやすくするには、どこに動きますか。

深い学びの発問・指示→チームが勝つには、どんな作戦を立てたらよいですか。

指示1　コピードリブルをします。ドリブルしながらペアの後ろについていきます。

指示2　3人1組になって、パス練習をします。

指示3　3対2のゲームです。攻撃側がシュートを決めるか、守備側がパスを防いだら交代です。

発問1　シュートを決めやすくするには、どこに動きますか。

指示4　3対3のゲームです。1回戦を始めます。

説明1　1回戦の結果を発表します。

対話的な活動1　チームが勝つには、どんな作戦を立てたらよいか、作戦会議を開きます。

指示5　2回戦をします。チームの立てた作戦でゲームをします。2回戦の結果を発表します。

発問2　勝敗と得点を見て、どんな作戦を立てたらよいですか。

対話的な活動2　チームで作戦会議を開きます。

説明2　勝つためには、敵のいない場所を見つけ、そこに素早く動いてパスをもらいます。

指示6　成果や課題を学習カードに記入します。

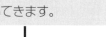

❶指示　コピードリブルをします。ドリブルしながら、ペアの後ろについてきます。

❷発問　シュートを決めやすくするにはどこに動きますか。

評価の観点　敵から離れた場所を素早く見つけて、移動している。

❸発問　チームが勝つには、どんな作戦がよいですか。

評価の観点　チームの課題に応じた作戦を選んだり立てたりすることができる。

❹学習カードで評価する

□成果の確認をする。

□課題の把握をする。

×は❶へ

×は❷へ

2 NG事例

（1）一部の上手な男子だけが活躍する。

（2）プレーヤーの人数が多過ぎてボールに触れる機会の少ない子供が出てくる。

（3）作戦の立て方が分からないチームに、作戦例を紹介しない。

3 場づくり

準備物／ソフトバレーボール、ダンボール箱、ポートボール台、マーカーコーン

（1）「習得の段階」……『個人技能』基本的なボール操作の動きを習得する。

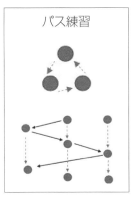

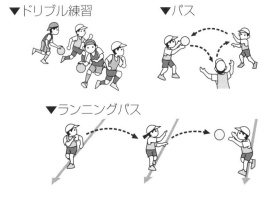

（2）「活用の段階」……『個人技能＋集団技能』攻めや守りに必要な動きを身につける。

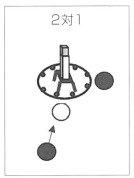

（3）「探究の段階」……『集団技能』集団での攻守入り交じった動きを獲得する。

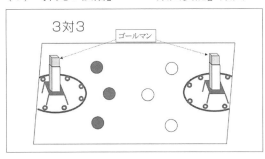

4 協働的な学びをつくる体育的コミュニケーション

　　ボール運動は、ドリブル練習やパス練習など個人技能を高める段階から、ペアで互いにコミュニケーションを取りながら活動を行えるという特性がある。さらに、活用段階では、あえて数的優位な対戦を設定することで得点を決めやすくしているだけでなく、コミュニケーションを通して、得点できる方法への気づきを促している。このコミュニケーションこそがまさに協働的な学びである。この発展形が探究段階における作戦会議である。子供たちは意見を出し合い、チームの課題を解決する作戦を選んだり立てたりする。友達との関わりも楽しくなる。協働的な学びを通して、ボール運動や仲間づくりの楽しさを味わうことができる。

5 方法・手順

（1）「習得の段階」

①ドリブルの練習。　　②パスの出し方と受け方の練習。　　③ランニングパスの練習。

（2）「活用の段階」……2対1、3対2のゲームを行う（半面コート）。

④2対1や3対2のタスクゲームを行う。攻撃側がシュートを決めるか、守備側がパスカットをしたらゲームを区切る。攻撃や守備を1人ずつ入れ替える。

⑤上手なチームの動きを取り上げて、攻めや守りのコツを発見させる。

（3）「探究の段階」……3対3のゲームを行う（全面コート）。

⑥習得した技術を活かして、ゲームをする。

⑦作戦会議を開く。ゲームの結果をもとにチームで話し合う。 作戦を選んだり、立てたりして、試合でその作戦を試す。

⑧作戦を試した後に、成果と課題について振り返りを行う。 振り返りをもとに、新たな作戦を選んだり立てたりする。

6 コツ・留意点

（1）攻撃の時は、シュートをしやすくしたり、パスをもらいやすくしたりするため、敵のいない場所を見つけて、そこに素早く移動する。

（2）守備の時は、シュートを打ちにくくするため、相手とゴールの間に立つようにする。

7 ICTを活用した授業プラン

（1）上手な子供の動きをタブレットで撮影する。クラス全体で友達のよい動きを分析させ、上手に攻めたり守ったりするコツを共有する。

（2）いくつかの作戦の見本映像をタブレット視聴により参考にしながら、ミニホワイトボードを使ってチームの作戦を考えさせる。

（3）ゲームでの動きをタブレットで撮影し、ゲーム後にチームの動きを分析させ、作戦の見本映像と比較させながら、次のゲームの作戦を立てさせる。

「ポートボール」

年　　　組　　　番（　　　　　　　　　）

レベル	内容	やり方	振り返り
1 ドリブル練習 **技(わざ)と自己評価(じこひょうか)のポイント** ◎→顔を上げながらドリブルすることができた ○→ドリブルしてペアの人について行くことができた △→ドリブルをした		リズムよくボールをつく	月　　日 ・ ・ ・ できばえ ◎ ○ △
2 パス練習 (三角パス、ランニングパス) ◎→落とさずにパスができた ○→ランニングパスができた △→三角パスができた		パスは両手でキャッチする	月　　日 ・ ・ ・ できばえ ◎ ○ △
3 2対1のゲーム（半面） ◎→パスをもらってシュートを決めた ○→パスをもらった（出した） △→敵のいない場所に移動した		敵のいない場所に素早く移動する	月　　日 ・ ・ ・ できばえ ◎ ○ △
4 3対2のゲーム（半面） ◎→パスをもらってシュートを決めた ○→パスをもらった（出した） △→敵のいない場所に移動した		敵のいない場所に素早く移動する	月　　日 ・ ・ ・ できばえ ◎ ○ △
5 3対3のゲーム（全面） ◎→全員がシュートをした ○→全員にパスがわたった △→協力してできた		作戦を選んだり、立てたりしてゲームで試す	月　　日 ・ ・ ・ できばえ ◎ ○ △

● 学習カードの使い方：できばえの評価 ●

レベルの評価： ◎よくできた／○できた／△もう少し

※振り返りには、「自分で気づいた点」と「友達が見て気づいてくれた点」の両方を書きます。

③ ラインサッカー

橋本 諒

1 展開

（1）学習のねらい

①基本的なボール操作とボールを持たない時の動きによって、パスやシュートを行い、空いている場所に素早く動いたりしてゲームをすることができる。

②チームや自己の課題を設定して、互いに協力して、ゲームができる。

（2）学習のねらいを体現する発問・指示・対話的な活動

主体的な学びの発問・指示→中央のコーンの間は2点。両端のコーンは1点です。

対話的な学びの発問・指示→チームが勝つには、どの作戦を選ぶとよいですか。

深い学びの発問・指示→勝敗と得点を見て、どの作戦を選ぶと勝てますか。

指示1 中央のコーンの間は2点。両端のコーンは2点です。

指示2 2人でボールをつないでゴールします。途中無敵ゾーンで止まると2ポイントです。

指示3 4対4でゲームをします。

発問1 無敵ゾーンから点を取るためにはどうすればよいですか。

説明1 「味方にパス」「ボールを持っていない人がもらいに行く」など、出てきた作戦を使ってもよいです。

対話的な活動1 チームが勝つには、どんな作戦を選ぶとよいですか。作戦会議を開きます。

指示4 2回戦をします。チームの立てた作戦でゲームをします。2回戦の結果を発表します。

発問2 勝敗と得点を見て、どんな作戦を立てたらよいですか。

対話的な活動2 チームで作戦会議を開きます。

説明2 無敵ゾーンに入った時に、空いている場所へパスをもらいに行くことが大事です。

指示5 成果や課題を学習カードに記入します。

2 NG事例

（1）得意な子供だけが活躍する。

（2）全員がボールに触れない。

（3）ボールに寄ってスペースが見えていない。

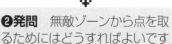

❶指示 中央のコーンの間は2点。両端のコーンは1点です。

❷発問 無敵ゾーンから点を取るためにはどうすればよいですか。

評価の観点 パスをしたり、ボールを持っていない人が動いたり、チームで協力する作戦ができる。

×は❷へ

❸発問 チームが勝つためにはどの作戦を選ぶとよいですか。

評価の観点 チームに応じた作戦を選んだり立てたりすることができる。

×は❸へ

❹発問 勝敗と得点を見て、どの作戦を選ぶと勝てますか。

❺学習カードで評価する

□成果の確認をする。

□課題の把握をする。

3 場づくり

準備物／サッカーボール、カラーコーン、ビブス、ハードル

（1）「習得の段階」……『個人技能』1人での基本的な動きを習得する。

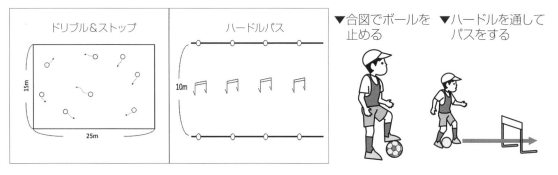

▼合図でボールを止める　▼ハードルを通してパスをする

（2）「活用の段階」……『個人技能＋集団技能』2〜3人で工夫した動きを身につける。

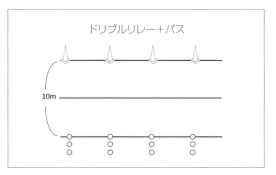

最後はパス

（3）「探究の段階」……『集団技能』集団での動きを獲得する。

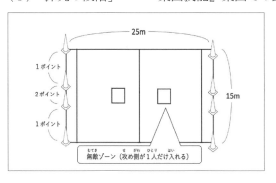

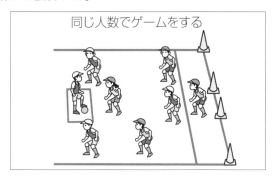

同じ人数でゲームをする

4 協働的な学びをつくる体育的コミュニケーション

「上手なチームはどんな必殺技が隠れているのか」と他のチームのよいところを探す活動を設ける。例えば「無敵ゾーンに入った時に周りの人が動いている」「パス！パス！とボールを呼んでいる人がいる」「右側に走って！」などの気づきが出る。

　次に、「自分たちはどの必殺技をマスターする？」と作戦会議の時間を設ける。「無敵ゾーンに入ったら空いている所へ動く」「無敵ゾーンに入ったら決まった場所へ行く」などの作戦を示し、自分たちで選択した技がうまくできることで達成感を得られる。ボールを蹴るスキル以外にも、作戦の成功、チームでの協力やコミュニケーションからも学びの場をつくる。

5 方法・手順

（1）「習得の段階」……個人の技能を上げるため、ボールに多く触れる。

①合図でボールを止める。　②2人1組でパスをする。　③ハードルの下を通してパスをする。

  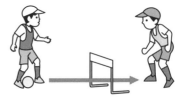

（2）「活用の段階」……チームで協力してゲームに取り組む。

④3〜5人チーム。ドリブルでコーンまで行き折り返して戻ってくる。最後はパス。

⑤2対1のミニゲーム。空いているスペースに動く技能を身につける。

最後はパス

▼スペースに動いてパスをもらう

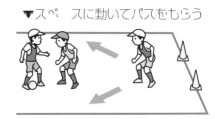

（3）「探究の段階」……チームで作戦を考えながらラインサッカーを行う。

⑥「ラインサッカー」初めは人数を少なくして点数が入り
やすくする。無敵ゾーン（チームで1人だけ入れて相手
は入ってこれない）を設ける。落ち着いてパスを出せ
る。無敵ゾーンに入った時のボールを持っていない人
の動きを身につけることができる。

▼攻め側が多いゲーム

6 コツ・留意点

（1）ボールを止める時に「ピタッ」と声を出す。止めた後に、教師の顔を見させることで、顔
を上げる癖をつける。

（2）パスやシュートは、つま先で蹴るのではなく、インサイドキックをする。パスの段階から
教えることで習得させる。

（3）空いたボールを持っていない子供は、ボールかスペースを指さす。

7 ICTを活用した授業プラン

（1）タブレットでスムーズなドリブル、取りやすいパス、協力しているプレーなどの動きを撮
影して見られるようにする。自分たちのゴールをイメージできるようにする。

（2）教師がボールを持っていない子供の動きを動画に撮り見せる。その場面で、「空いたスペー
スに行ってボールをもらえるとよかったね」と視覚的に理解できるようにする。

（3）ホワイトボードアプリなどで、攻め方の例を示す。A無敵ゾーンから、両サイドにもらいに
いく。B無敵ゾーンから、空いたスペースに走る。いくつか攻め方の選択肢を示す。

「ラインサッカー」

年　　組　　番（　　　　　　　　）

レベル	内容	やり方	振り返り
1 ドリブル＆ストップ	**技（わざ）と自己評価（じこひょうか）のポイント** ドリブルをして、合図で止まる。 ◎→おしりで止められる ○→逆の足で止められる △→利き足で止められる	合図でボールを止める	月　　日 ・ ・ ・ できばえ ◎ ○ △
2 ハードルパス	ハードルにゴールする。 ◎→5回ゴールできる ○→3回ゴールできる △→1回ゴールできる	ハードルの下を通るパスを出す	月　　日 ・ ・ ・ できばえ ◎ ○ △
3 ドリブルリレー	チームでドリブルリレーをする。 ◎→チームで協力できる ○→コーンを回れる △→味方にパスできる	最後はパス ドリブルでコーンを回りパスを出す	月　　日 ・ ・ ・ できばえ ◎ ○ △
4 2対1のゲーム	2対1のゲームをして、楽しくできる。 ◎→パスが5本できる ○→パスが3本できる △→パスが1本できる	2対1でゴールを狙う	月　　日 ・ ・ ・ できばえ ◎ ○ △
5 ラインサッカー	ラインサッカーをする。 ◎→役割を守りできる ○→ルールを守りできる △→協力してできる	25m 1ポイント 2ポイント 1ポイント 15m 無敵ゾーン（攻め側が1人だけ入れる） チームに分かれてゲームをする	月　　日 ・ ・ ・ できばえ ◎ ○ △

――――● **学習カードの使い方：できばえの評価** ●――――

レベルの評価： ◎よくできた／○できた／△もう少し
※振り返りには、「自分で気づいた点」と「友達が見て気づいてくれた点」の両方を書きます。

④ フットサル

伊藤篤志

1 展開

（1）学習のねらい

①フットサル特有のルールや狭いピッチに慣れ、基本的なボール操作を身につけると共に、攻守の切り替えを素早くして、易しいゲームをすることができる

②ボールを持たない時の動きを考え、簡単な作戦を選んだり、立てたりすることができる。

③ルールを工夫したり友達の考えを認めたりして、仲よく運動することができる。

（2）学習のねらいを体現する発問・指示・対話的な活動

主体的な学びの発問・指示→コーンに向かって、まっすぐ蹴ります。

対話的な学びの発問・指示→味方にパスした後、どこに動けば得点力がアップしますか。

深い学びの発問・指示→得点するには、どんな作戦を立てたらよいですか。

指示1　コーンに向かって、まっすぐ蹴ります。コーンに当たったら成功です。

指示2　2人組で、インサイドキック＆足裏トラップをします。

指示3　2対1のゲームです。時間になったら攻守交代です。

発問1　味方にパスした後、どこに動けば得点力がアップしますか。

指示4　3対3のゲームです。1回戦を始めます。

対話的な活動1　得点するには、どんな作戦を立てたらよいか、作戦会議を開きます。

指示5　チームで立てた作戦で2回戦をします。

発問2　勝敗と得点を見て、どんな作戦が効果的ですか。

対話的な活動2　チームで作戦会議を開きます。

説明1　得点するためには、味方にパスし、相手の選手を追い越したりブロックしたりしてから、再びパスを受けてシュートします。

指示6　成果や課題を学習カードに記入します。

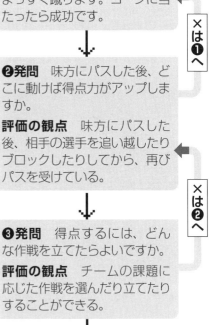

❶指示　コーンに向かって、まっすぐ蹴ります。コーンに当たったら成功です。

×は❶へ

❷発問　味方にパスした後、どこに動けば得点力がアップしますか。

評価の観点　味方にパスした後、相手の選手を追い越したりブロックしたりしてから、再びパスを受けている。

×は❷へ

❸発問　得点するには、どんな作戦を立てたらよいですか。

評価の観点　チームの課題に応じた作戦を選んだり立てたりすることができる。

❹学習カードで評価する

□成果の確認をする。

□課題の把握をする。

2 NG事例

（1）一部の上手な子供だけが活躍する。

（2）勝敗にこだわり、ルールを守って仲よく運動することができない。

3 場づくり

準備物／フットサルボール、三角コーン、ビブス

（1）「習得の段階」……『個人技能』基本的なボール操作を習得する。

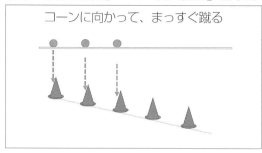

コーンに向かって、まっすぐ蹴る

（2）「活用の段階」……『個人技能＋集団技能』得点する戦術を身につける。

▼パス＆追越し

▼パス＆ブロック

（3）「探究の段階」……『集団技能』集団での攻守入り交じった動きを獲得する。

3対3（例）

4 協働的な学びをつくる体育的コミュニケーション

「上手なチームの動きの秘密を探そう！」という活動を設ける。例えば「パス！とか裏側に動いて！と声をかけ合っている」「相手の動きをブロックしている」などの発言が出る。これを全体で共有する。得点に結びつく動きを取り入れようと、子供同士の体育的コミュニケーションが増え、動きに反映される。次に「得点するには、どんな作戦を立てたらよいですか」と作戦会議の時間を設ける。子供たちは、「パス＆追越し作戦」や「パス＆ブロック作戦」を選んだり、新たな作戦を考えたりする。作戦が上手くいくとゲームも友達との関わりも楽しくなる。協働的な学びを通して、ボール運動や仲間づくりの楽しさを味わうことができる。

1 低学年 ゲーム・鬼遊び

2 中学年 ゲーム

3 高学年 ボール運動

5 方法・手順

（1）「習得の段階」

　　①インサイドキックの練習。　　　②足裏トラップ＆インサイドキックの練習。

　　③ランニングパス（ボールを止めない）の練習。

（2）「活用の段階」……2対1のセットプレーやゲームを行う（半面コート）。

　　④2対1のセットプレーを行う。コーンを相手に見立て、「パス＆追越し」「パス＆ブロック」
　　　の動き方を何度も練習し、ゲームで使えるようにする。

　　⑤2対1のゲームを行う。上手く得点できた動きを取り上げて、攻めのコツを発見させる。

（3）「探究の段階」……3対3のゲームを行う（全面コート）。

　　⑥習得した技術を活かして、ゲームをする。

　　⑦作戦会議を開く。ゲームの結果をもとにチームで話し合う。「パ
　　　ス＆追越し作戦」「パス＆ブロック作戦」から選んだり新たな
　　　作戦を立てたりして、試合でその作戦を試す。

　　⑧試合後に、成果と課題について振り返る。

6 コツ・留意点

（1）得点するには、味方にパスした後、相手の選手を追い越したりブロックしたりしてから、
　　再びパスを受けてシュートする。

（2）守備の時は、シュートを打ちにくくするため、ボールとゴールの間に立つようにする。

7 ICTを活用した授業プラン

（1）「上手なチームの動きの秘密を探そう！」と問い、動画から友達のよい動き見つけさせる。
　　作戦ボード上で動きを分析させ、上手に攻めるコツを発見させる。

（2）タブレットで作戦の見本映像をいくつか見られるようにし、チームの作戦決めの参考にさ
　　せる（例：(公財)JFA日本サッカー協会、NHK for School「はりきり体育ノ介」等）。

（3）ゲームでの動きをタブレットで撮影する。ゲーム後、作戦ボード上でチームの動きを分析
　　させ、次のゲームの作戦を立てさせる。「○○作戦」のように名前を付けるとよい。

「フットサル」

年　　組　　番（　　　　　　　　　　）

レベル	内容	やり方	振り返り
1 基本的なボール操作①	技(わざ)と自己評価(じこひょうか)のポイント インサイドキック(まっすぐ蹴る)。 ◎→遠くの目標に当たった ○→中程の目標に当たった △→近くの目標に当たった	ボールをくるぶしに当てる	月　　日 ・ ・ ・ できばえ ◎ ○ △
2 基本的なボール操作②	インサイドキック&足裏トラップ。 ◎→キック&トラップが10回続けてできた ○→5回続けてできた △→4回以下	足裏の前半分を、斜めになるようにかける	月　　日 ・ ・ ・ できばえ ◎ ○ △
3 セットプレー（半面）	2対1(相手をコーンに見立てて)。 ◎→パスをつないでシュートを決めた ○→パスをつないだ △→追越し(ブロック)ができた	動き方を何度も練習する	月　　日 ・ ・ ・ できばえ ◎ ○ △
4 タスクゲーム（半面）	2対1。 ◎→パスをつないでシュートを決めた ○→パスをつないだ △→追越し(ブロック)ができた	敵を追越し(ブロックし)ゴール前に走り込む	月　　日 ・ ・ ・ できばえ ◎ ○ △
5 ゲーム（全面）	3対3のゲーム(全面)。 ◎→全員がシュートをした ○→全員にパスがわたった △→協力してできた	作戦を選んだり立てたりしてゲームで試す	月　　日 ・ ・ ・ できばえ ◎ ○ △

━━━━● 学習カードの使い方：できばえの評価 ●━━━━

レベルの評価： ◎よくできた／○できた／△もう少し
※振り返りには、「自分で気づいた点」と「友達が見て気づいてくれた点」の両方を書きます。

⑤ タグラグビー

佐藤結斗

1 展開

(1) 学習のねらい

①タグラグビーの行い方を知ると共に、易しいゲームをすることができる。

②規則を工夫したり、簡単な作戦を選んだりすると共に、考えたことを友達に伝えることができる。

(2) 学習のねらいを体現する発問・指示・対話的な活動

主体的な学びの発問・指示→みんなが楽しくなるゲームにするために、どのような規則の工夫が考えられますか。

対話的な学びの発問・指示→ボールを落とさずパスをするためには、どうしたらよいですか。

深い学びの発問・指示→どうしたら勝てますか。チームで作戦を立てます。

指示1 2対1のミニゲームをします。

説明1 攻撃側はタグを取られたらパスをします。相手のインゴールを超えたら1点です。

対話的な活動1 ボールを落とさずパスをするためには、どうしたらよいですか。

指示2 3対3のゲームをします。

説明2 はじめのルールへの質問はありますか。

発問1 ゲームを終えて、困ったことはありますか。みんなが楽しくなるゲームにするために、どのような規則の工夫が考えられますか。

指示3 2回戦目を始めます。

対話的な活動2 どうしたら勝てますか。チームで作戦を立てます。

説明3 勝つためには、チームワークがよくなるように、声を出すことが必要です。

2 NG事例

(1) 一部の子供のみがボールに触れたり得点するなど、活躍する。

(2) 攻撃も守備もボールに密集する。

(3)「ラグビー」のような接触プレーにより、ケガをする。

(4) 初めから全ての規則を教師が決める。

❶指示 2対1のミニゲームをします。

↓

❷発問 ボールを落とさず、パスをするためには、どうしたらよいですか。

評価の観点 パスをする時やもらう時に声を出す。

↓

❸発問 みんなが楽しくなるゲームにするために、どのような規則の工夫が考えられますか。

評価の観点 チーム全員が点数を取ったら、ボーナス10点。

❹発問 どうしたら勝てますか。チームで作戦を立てましょう。

評価の観点 全員が得点することができる作戦を考える。

↓

❺学習カードで評価する

□成果の確認をする。

□課題の把握をする。

×は❸へ

3 場づくり

準備物／タグ、タグラグビーボール、三角コーン

（1）「習得の段階」……『個人技能』1人での基本的な動きを習得する。

「2人組タグ取り」

2人組で手をつなぎ、オフェンスがディフェンスのタグを取る。安全のため、できるだけ他のペアとの間隔を空けて行う。

「円陣パス」

チームで輪になって行う。慣れてきたら、徐々に円を広くすることで、パスの距離を伸ばすことができる。

「ランニングパス」

3人組で横に一列に並び、斜め後ろ方向にパスしながらゴールまで走る。慣れてきたら、ゴールするまでにパスを往復させる。

（2）「活用の段階」……『個人技能＋集団技能』ミニゲームで工夫した動きを身につける。

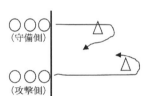

「トライゲーム」

攻撃側よりも守備側のコーンまでの距離を短くする。

そうすることで、攻撃側のプレーヤーが折り返した時に、相手に正対してディフェンスをすることができる。

（3）「探究の段階」……『集団技能』集団での動きを獲得する。

「ミニゲーム」

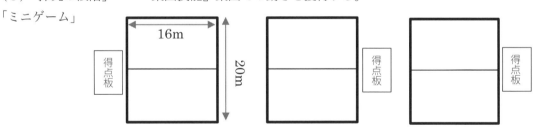

4 協働的な学びをつくる体育的コミュニケーション

　タグラグビーは、簡単な技能で誰もが楽しめ、誰でも得点する（トライをする）楽しさを味わうことのできる教材である。一方で、走るのが速い子供のみが活躍するゲームになりがちである。そこで、上手な子供だけでなく、多くの子供がトライを経験することができるよう、最終的な得点を「得点×ゴールした人数＝試合の得点」とする。

　つまり、1人が2得点しても、2人がそれぞれ1得点ずつ計2得点した方が、2点×2人＝4点と高くなる。このような規則を取り入れることで、教師側から「多くの子がトライできるように」と言わなくても自然と上手な子供のアシストプレーが生まれる。

5 方法・手順

（1）「習得の段階」

①2人組タグ取り。

・30秒間でオフェンスが相手のタグを取ったら勝ち。

・タグを取る時は、「タグ」。タグを返す時には手渡しで「どうぞ」。

・安全のために、ディフェンスの人は、おでこを手で押さえます。

②円陣パス。

・全員外向きで立ち、右隣の人に下からパス。

・2周したら、全員で手を上げて「トライ」。

・反対周りも行う。

（2）「活用の段階」

③トライゲーム。

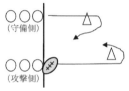

・守備と攻撃に分かれる。

・それぞれ、スタート地点からコーンを回って守備・攻撃をする。

・攻撃側がスタートラインまで戻れたら得点。守備側は、攻撃側が戻るまでにタグを取る。

・1対1、2対1と進めていく。

・攻撃側が2人になった時には、タグを取られたらパスをする。

（3）「探究の段階」

④ゲーム。

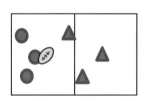

〈はじめの規則〉 ※ゲームを通して子供たちと規則を追加・変更していく。

・センターラインからパスをしてスタート。

・ボールを持ったら、タグを取られるまで走る。

・前にパス、タッチラインをわったら、その場から相手ボール。

・攻撃側がトライしたら攻守交代。

・タグを取った時は、大きな声で「タグ」。返す時は手渡しで「どうぞ」。

6 コツ・留意点

（1）タグを取られても焦らず、落ち着いて後ろを向いて味方にパスする。

（2）パスをしやすくするために、ボールを持っている人を頂点とした三角形の布陣をとる。

（3）どの子供もトライをするなど活躍する作戦を立てる。

7 ICTを活用した授業プラン

（1）試合の映像をタブレットで撮影し、視覚的に動きを振り返る。空いている場所はどこか、どのようにパスをすれば通るかなど作戦を立てる。

（2）試合中のボールの動きをタブレット上に線で示す。パスの距離が近いことにより、次のタグがすぐに取られてしまう課題を見つけ、横に広がる動きを意識させる。

（3）NHK for School「はりきり体育ノ介」を視聴して、ボールキャッチの動きやタグの取り方などのよい動きをイメージさせる。

（参考動画：「タグラグビーに挑戦だ！」『はりきり体育ノ介』NHK for School）

「タグラグビー」

年　　　組　　　番（　　　　　　　　　　　）

レベル	内容	やり方	振り返り
1 基本的な動き 技(わざ)と自己評価(じこひょうか)のポイント 2人組タグ取りをする。 ◎→3人以上とできた ○→2人とできた △→1人とできた		片手をつないで相手のタグを取る	月　　　日 ・ ・ ・ できばえ ◎ ○ △
2 パスゲーム 円陣パス。 ◎→声をかけながらボールを回せた ○→ボールを落とさず2周回せた △→ボールを落とした		輪になってパスを回す	月　　　日 ・ ・ ・ できばえ ◎ ○ △
3 ミニゲーム① 1対1トライゲーム。 ◎→2回トライできた ○→1回トライできた △→1回もトライできなかった		（守備側）（攻撃側） タグを取られないようにトライする	月　　　日 ・ ・ ・ できばえ ◎ ○ △
4 ミニゲーム② 2対1トライゲーム。 ◎→2回トライできた ○→1回トライできた △→1回もトライできなかった		（守備側）（攻撃側） タグを取られたらパスをする	月　　　日 ・ ・ ・ できばえ ◎ ○ △
5 ゲーム タグラグビー。 ◎→全員がトライできた ○→自分がトライできた △→トライできなかった		チームの作戦を立ててゲームする	月　　　日 ・ ・ ・ できばえ ◎ ○ △

● 学習カードの使い方：できばえの評価 ●

レベルの評価： ◎よくできた／○できた／△もう少し
※振り返りには、「自分で気づいた点」と「友達が見て気づいてくれた点」の両方を書きます。

⑥ フラッグフットボール

中嶋剛彦

1 展開

（1）学習のねらい

　①チーム内で役割を分担し、基本的なボール操作とボールを持たない時の動きによって、それぞれの役割を果たしてゲームができる。

　②チームで作戦を考え、互いに協力してゲームができる。

（2）学習のねらいを体現する発問・指示・対話的な活動

　主体的な学びの発問・指示→作戦を決め、ボールを運んで得点します。

　対話的な学びの発問・指示→チームが勝つには、どんな作戦を立てたらよいですか。

　深い学びの発問・指示→みんなが活躍するにはどんな作戦を立てたらよいですか。

指示1　しっぽ取りをします。

指示2　ボール渡しリレーをします。

発問1　相手にボールを見えにくくするには、どうやって持てばよいですか。

指示3　1対1ランゲームをします。

発問2　守備をかわすにはどんな工夫がありますか。

指示4　3対2でボール運びゲームをします。

発問3　高得点を採るには、どんな作戦を立てればよいですか。

対話的な活動1　チームで作戦会議を開きます。

指示5　3対2ランゲームをします。

発問4　得点するには、どんな作戦を立てればよいですか。

対話的な活動2　チームで作戦会議を開きます。

指示6　3対2のフラッグフットボールをします。作戦を決め、ボールを運んで得点します。

発問5　チームが勝つには、どんな作戦を立てればよいですか。

対話的な活動3　チームで作戦会議を開きます。

発問6　みんなが活躍するには、どんな作戦を立てればよいですか。

対話的な活動4　チームで作戦会議を開きます。

2 NG事例

（1）一部の子供だけが活躍する。

（2）イメージが湧かず作戦が立てられない。

❶指示　作戦を決め、ボールを運んで得点します。

↓　×は❶へ

❷発問　チームが勝つには、どんな作戦を立てたらよいですか。

評価の観点　フェイントを入れるなど作戦を工夫している。

↓　×は❷へ

❸発問　みんなが活躍するには、どんな作戦を立てればよいですか。

評価の観点　みんなが活躍できるよう作戦を工夫している。

↓

❹学習カードで評価する

□成果の確認をする。

□課題の把握をする。

3　場づくり

準備物／ビブス、フラッグ、ボール、カラーコーン、作戦シート、マグネット、マーカーコーン

（1）「習得の段階」……『個人技能』基本的な動きを身につける。

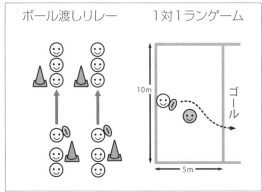

向かい側の相手にボールを渡す。受け取る側は、お腹の位置で包み込むようにして受け取る。

ボールを持って相手をかわし、フラッグを取られずにゴールラインを通過する。

（2）「活用の段階」……『個人技能＋集団技能』2人〜3人で工夫した動きを身につける。

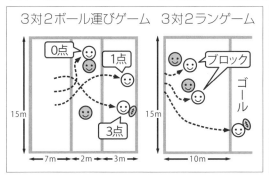

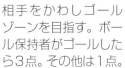

相手をかわしゴールゾーンを目指す。ボール保持者がゴールしたら3点。その他は1点。

フェイクやブロックなどを駆使して、ボール保持者をゴールさせる。

（3）「探究の段階」……『集団技能』チームに合った作戦を立てて実行する力を獲得する。

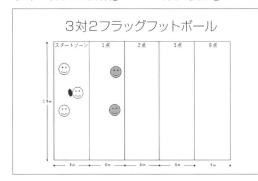

チームで立てた作戦を使って、ボール保持者をゴールさせる。

4　協働的な学びをつくる体育的コミュニケーション

　フラッグフットボールは、攻撃の都度作戦を決め、それを実行することで得点をねらうゲームだ。よって、自然とチーム内で話し合いが生まれる。その際、ホワイトボードやワークシート等、作戦を見える化したり記録・保存したりするツールを活用することで話し合いが活性化する。

　守備をブロックしてボール保持者を守る「ブロック作戦」や、誰がボールを持っているのかを分からないようにする「ボール隠し作戦」など、チームに合った作戦を複数考えさせる。作戦が成功すると、苦手な子供も得点することができるなど大いに盛り上がる。

5 方法・手順

（1）「習得の段階」……ハンドオフや相手をかわす技能を身につける。

　①ボール渡しリレーを行う。ハンドオフ（ボールを味方同士で
　　手渡しする動き）を練習する。

　②1対1ランゲームを行う。

（2）「活用の段階」……タスクゲームを行い集団での動きの技能を身につける。

　③攻撃3人、守備2人でボール運びゲームを行う。合間に作戦タイムを設け、「おとり作戦」
　　や「ボール隠し作戦」などの作戦を考えさせる。

　④攻撃3人、守備2人ランゲームを行う。合間に
　　作戦タイムを設け、ボール保持者のゴールへ
　　の道をつくる「ブロック作戦」など、ボール保
　　持者がゴールできる様にするための作戦を考
　　えさせる。

（3）「探究の段階」……チームに合った作戦を考え3対2のゲームを行う。

　⑤3対2フラッグフットボールを行う。

　⑥チームが勝つためにはどうすればよいか、作戦会議を開く。
　　「おとり作戦」「ボール受け渡し作戦」等。

　⑦作戦をもとにゲームを行う。

　⑧振り返りを行い成果と課題を浮き彫りにする。

　⑨新たな作戦を立て、次のゲームに活かす。

　⑩みんなが活躍するためにはどうすればよいか、作戦会議を開く。
　　「ブロック作戦」「ボール隠し作戦」等。

　⑪作戦をもとにゲームを行う。

6 コツ・留意点

（1）ハンドオフでは、誰がボールを持っているか分かりづらくするようにする。

（2）ブロックを用いた「ボール保持者を守る作戦」や、ボール保持者を分かりづらくするような「相
　　手を攪乱させる作戦」を考える。

7 ICTを活用した授業プラン

（1）オリエンテーションの際に、実際のゲームの様子を動画で見せ、よい場面をつかませる。

（2）撮影した動画をもとに「○○さん（○チーム）の動きのよいところはどこですか？」と問い、
　　「ボールを隠す様に持っている」「守備がボール保持者に近づけない様にブロックしている」
　　等、動画からよい動きを分析させる。

（3）運動が苦手な子供が得点したシーン等、タブレットで作戦の見本映像をいくつか見られる
　　ようにし、チームで作戦を話し合う際の参考にさせる。

「フラッグフットボール」

年　　組　　番（　　　　　　　　　　）

レベル	内容	やり方	振り返り
1	ボール受け渡しリレー **技と自己評価のポイント** お腹で隠しながら走る。スムーズに受け取る。◎→スムーズに受け取りお腹で隠しながら走った／○→スムーズに受け取れた／△→受け取れた	ボールをスムーズに受け取り、お腹で隠しながら走り、相手に渡す	月　　日 ・ ・ ・ できばえ ◎ ○ △
2	1対1ランゲーム 相手をかわしてゴールラインを越え得点する。◎→3点より多く取れた／○→1点取れた／△→1点も取れなかった	フェイントを入れてかわす	月　　日 ・ ・ ・ できばえ ◎ ○ △
3	3対2ボール運びゲーム チームで相手をかわし得点する。◎→3点より多く取れた／○→3点取れた／△→3点より少なかった	チームで相手を撹乱する動きをする	月　　日 ・ ・ ・ できばえ ◎ ○ △
4	3対2ランゲーム ブロックを利用した作戦で得点する。◎→3点取れた／○→1点取れた／△→得点できなかった	ボール保持者を守る動きをする	月　　日 ・ ・ ・ できばえ ◎ ○ △
5	3対2フラッグフットボール① チームで協力してを実行し得点する。◎→6点取れた／○→点が取れた／△→得点できなかった	チームのメンバーの特徴に合った作戦を立てる	月　　日 ・ ・ ・ できばえ ◎ ○ △
6	3対2フラッグフットボール② みんなが得点できるように作戦を立てて実行する。◎→3人得点できた／○→2人得点できた／△→1人できた	チームのみんなが得点できるような作戦を考える	月　　日 ・ ・ ・ できばえ ◎ ○ △

●学習カードの使い方：できばえの評価●

レベルの評価： ◎よくできた／○できた／△もう少し
※振り返りには、「自分で気づいた点」と「友達が見て気づいてくれた点」の両方を書きます。

① ソフトボールを基にした易しいゲーム

熊倉史記

1 展開

（1）学習のねらい

①基本的なボール操作とボール操作できる位置に体を移動する動きで、ゲームをすることができる。

②ゲームの仕方に応じた簡単な作戦を選ぶと共に、考えたことを友達に伝えることができる。

（2）学習のねらいを体現する発問・指示・対話的な活動

主体的な学びの発問・指示→ チームでアタックゲームをします。

対話的な学びの発問・指示→ ラリーを続けるためにどうすればよいですか。

深い学びの発問・指示→ 得点を取るためにどんな作戦を選ぶとよいですか。

指示1 壁当てアタックゲームをします。アタックをして戻って来たボールをキャッチします。

指示2 チームでアタックゲームをします。アタックをキャッチできたら1点です。

対話的な活動1 ラリーが続く話し合いをします。

発問1 2チームで協力してラリーが続くようにします。レシーブする時のポイントは何ですか。

説明1 低く構えてボールの落下位置に素早く動いたり、声をかけたりするとよいです。

発問2 トスを上げる人は、どこにいるとよいですか。
ア）ネットの近く　イ）ネットから遠く

指示3 2チームで協力し10回ラリーを続けます。

対話的な活動2 チームで作戦を立てます。

指示4 1回戦をします。

発問3 得点を取るには、どんな作戦が必要ですか。

指示5 2回戦をします。チームで立てた作戦でゲームをします。

発問4 次の試合に向けてどんな作戦が必要ですか。

説明2 パスの作戦、アタックの作戦を考えたりするとよいです。

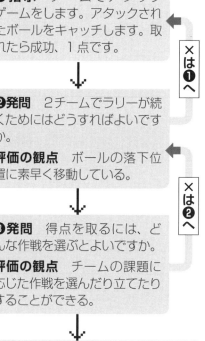

❶**指示**　チームでアタックゲームをします。アタックされたボールをキャッチします。取れたら成功、1点です。

×は❶へ

❷**発問**　2チームでラリーが続くためにはどうすればよいですか。

評価の観点　ボールの落下位置に素早く移動している。

×は❷へ

❸**発問**　得点を取るには、どんな作戦を選ぶとよいですか。

評価の観点　チームの課題に応じた作戦を選んだり立てたりすることができる。

❹**学習カードで評価する**
□成果の確認をする。
□課題の把握をする。

2 NG事例

（1）ラリーが続かず楽しくない。人数が多過ぎてボールに触れられない。

（2）作戦を立てられない。チームに支援をしない。

3 場づくり

準備物／ソフトバレーボール（ボールは円周77〜79cm、重量が100g程度のものがよい）、バドミントン用ネットと支柱

（1）「習得の段階」……『個人技能』基本的なボール操作の動きを習得する。

●サーブ・レシーブ・トス・アタックの練習　　　●壁当てアタックゲーム

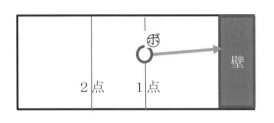

手のひらでアタックして戻ってきたボールをキャッチする。慣れてきたら2点ラインで行う。

（2）「活用の段階」……『個人技能』＋『集団技能』アタックに必要な動きを身につける。

●チームでアタックゲーム　　　　　　　　　●ラリーを続けるタスクゲーム（3対3）

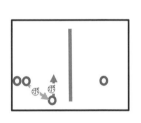

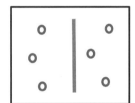

▲1（パス）、2（トス）、アタックで行う　　　▲2チームで協力してラリーを続ける

（3）「探究の段階」……『集団技能』攻守入り交じった動きを獲得する。

●3対3の試合形式のゲーム

「レシーブポジション」（守り）を試したり、「パスをつなぐ動き」を考えたりする。

トスを上げるための動きを考える。

4 協働的な学びをつくる体育的コミュニケーション

　2チームでのラリーを続けるためにどうすればよいか。レシーブとトスの局面で話し合う時間を設定する。子供たちから、ボールの待ち方や素早い動き出し、トスの上げ方といった考えが出される。「低く構え作戦」「ダッシュ作戦」「トスふんわり作戦」のようにネーミングする。

　試合に向けての作戦タイムでは、トスを上げる人の動きやアタックに着目した「トス真ん中で作戦」「隙間ねらい打ち作戦」のようなアイデアを共有する。全体で集められた作戦、チーム独自の作戦から課題解決に向けた練習やゲームを行い、チームの和が高まる。

5 方法・手順

（1）「習得の段階」

　①サーブ（両手）。　　②レシーブ（キャッチ）。　　③パス・トス（両手）。

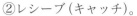

（2）「活用の段階」

　④タスクゲーム1：「チームでアタックゲーム」相手コートの味方がキャッチして1点。

　⑤タスクゲーム2：「2チームによるラリーゲーム（協力型）」、3分間。

　　何回ラリーを続けられるか2チームで協力して行う。はじめは10回程度を目標にする。初期段階では、アタックを「投げ入れ」で行い、ボールがつながる楽しさを体感させる。

　⑥「3対3のゲーム（対戦型）」、5分間。

　　サーブは自陣の中央から両手で投げ入れる（落下したらやり直し）。アタック局面は、「トスを捕球しての投げ入れ」「捕球してアタック」など、子供の実態に応じる。

（3）「探究の段階」

　⑦作戦会議を開く。ゲームの結果をもとにチームで話し合う。全体で共有した作戦から選んだり、独自の作戦を考えたりする。

　⑧作戦を試した後に、成果と課題について振り返りを行う。振り返りをもとに、新たな作戦を選んだり立てたりする。

6 コツ・留意点

（1）レシーブするためにボールの方に体をさっと向け、落下地点に素早く移動する。

（2）攻撃の際には、相手陣地の空いている所をねらってアタックする。

7 ICTを活用した授業プラン

（1）ゲームの仕方や動きが理解できるように、見本映像が見られるようにしておく。

（2）ラリーを続けることが上手な班の映像を撮影しておき、「ボールが来た時の動きやすい姿勢」「素早く動く」「声をかける」などのコツに気づかせる。

（3）アタック局面のよりよい動きに向けた「トスをする人のポジション」「アタックが打ちやすい側」「隙間を見つけたアタック」の見本映像や優れた班の映像を用意し、チームの課題に気づけるようにする。

ソフトボールを基にした易しいゲーム「キャッチバレーボール」

年　　　組　　　番（　　　　　　　　　　　　）

レベル	内容	やり方	振り返り
1 基本的なボール操作① **技と自己評価のポイント** キャッチ、トスの練習。30秒。 ◎→5回以上キャッチできた ○→3回キャッチできた △→1～2回キャッチできた		ボールを両手で真上に上げる	月　　日 ・ ・ ・ できばえ　◎　○　△
2 基本的なボール操作② チームでアタックゲーム。 ◎→相手に3回アタックできた ○→相手に2回アタックできた △→うまく打てなかった		手のひらのかたいところで打つ	月　　日 ・ ・ ・ できばえ　◎　○　△
3 ラリーゲーム 3対3のタスクゲーム。 ◎→素早く動いてキャッチした ○→キャッチミスはあったが、素早く動けた △→動けなかった		ボールの落下地点に素早く移動する	月　　日 ・ ・ ・ できばえ　◎　○　△
4 ゲーム1 3対3のゲーム。 ◎→アタックする場所を考えた ○→ポジションを考えて動いた △→よく動けなかった		相手のいないところにアタックする	月　　日 ・ ・ ・ できばえ　◎　○　△
5 ゲーム2 3対3のゲーム。 ◎→攻撃、守備の作戦を実行した ○→攻撃、守備、どちらかの作戦を考え、実行した △→作戦を考えた		意見を言ったり、きちんと聞いたりする	月　　日 ・ ・ ・ できばえ　◎　○　△

●学習カードの使い方：できばえの評価●

レベルの評価： ◎よくできた／○できた／△もう少し
※振り返りには、「自分で気づいた点」と「友達が見て気づいてくれた点」の両方を書きます。

② プレルボールを基にした 易しいゲーム

表 克昌

1 展開

（1）学習のねらい

①基本的なボール操作とボールを操作できる位置に体を移動するなどの動きによって、弾むボールを床や地面に打ちつけて相手のコートに返球してラリーの続く易しいゲームをすることができる。

②規則を工夫したり、簡単な作戦を選んだりすると共に考えたことを友達に伝える。

（2）学習のねらいを体現する発問・指示・対話的な活動

主体的な学びの発問・指示→ボールのどこを叩けば強く打つことができますか。

対話的な学びの発問・指示→相手が打ちやすいためには、どこにバウンドさせますか。

深い学びの発問・指示→チームが勝つには、どんな作戦を立てたらよいですか。

指示1 「ドン！ キャッチ・プレルボール」をします。その場でドリブル10回ついたら座ります。次にボールをグーで10回打ったら座ります。

発問1 ボールのどこを叩けば強く打つことができますか。 ア）はし イ）中心

指示2 2人組になります。1人が「ドン」と言って打ってワンバウンドさせます。そのボールを相手の人が「キャッチ」と言って受けます。それを、繰り返します。10回したら座ります。

対話的な活動1 相手が打ちやすいためには、どこにバウンドさせますか。

ア）自分の近く イ）真ん中 ウ）相手の近く

指示3 2対2のラリーゲームをします。「ドーン、ドン（バウンド）、キャッチ（受ける）」でできるだけ多く続けなさい。同じ人が続けて受けたり、打ったりしません。何回連続できるか数えます。

指示4 4対4で試合をします。

対話的な活動2 勝敗と得点を見て、どんな作戦を立てたらよいですか。

指示5 成果や課題を学習カードに記入します。

2 NG事例

（1）一部の上手な男子だけが活躍する。

（2）味方にパスがあまり回らない。

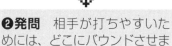

❶発問 ボールのどこを叩けば強く打つことができますか。

評価の観点 強いボールを安定して打っている。

×は❶へ

❷発問 相手が打ちやすいためには、どこにバウンドさせますか。

評価の観点 相手が打ちやすいボールを打っている。

×は❷へ

❸発問 チームが勝つには、どんな作戦がよいですか。

評価の観点 チームの課題に応じた作戦を選んだり立てたりすることができる。

❹学習カードで評価する

□成果の確認をする。

□課題の把握をする。

3 場づくり

　準備物／ソフトバレーボール、カラーコーン（バドミントンの支柱）、タフロンテープ

（1）「習得の段階」……『個人技能』基本的なボール操作の動きを習得する。

　　　　　　　　　　　　　・できれば1人に1個ボールを用意する。
　　　　　　　　　　　　　・できなければ2人に1個で交代で行う。
　　　　　　　　　　　　　・体育館で広がって行う。
　　　　　　　　　　　　　・最初はパーで次はグーで行う。
　　　　　　　　　　　　　・右左、両方で行う。

（2）「活用の段階」……ペアでボールを続けて打ち合う。

　　　　　　　　　　　　　「ドン」で打って、「キャッチ」で受ける。その時に必ず声を出すようにする。

　相手が受けやすいのは、どのあたりでバウンドさせたらよいか考えさせる。

（3）「探究の段階」……『集団技能』集団での攻守入り交じった動きを獲得する。

長く続けるために、相手に勝つためにどんな作戦がよいか考えさせる。

▲2対2　　　　　　　　　　　　　　▲4対4

4 協働的な学びをつくる体育的コミュニケーション

　ボール運動では、友達と協力することが大切である。だから、思いやりのある言葉がけが重要で、そのことを最初に子供たちと確認をする。うまくできたら「ナイス！」、うまくできなかった時は「ドンマイ！」とお互いに声をかけ合うようにし、できている子供を褒める。

　ゲームでは、学級全員でルールを作っていく、変更していくことが大事である。最初のルールは教師が提示をし、その後子供たちと話し合って修正していく。

〈ルール（例）〉・サーブは下から投げ入れる。　・自分のコートでバウンドしたボールを打つ。

・同じ人が続けてボールを打たない。全員がサーブを打ち終わったら（または3分で）終了。

5　方法・手順

（1）「習得の段階」……ボールを打つ技能を身につける。

　①その場でドリブル10回ついたら座る。

　②手でボールを10回打ったら座る。

　　（グーやパーなどいろいろな打つ方法を試す）

（2）「活用の段階」……ペアでボールを打ち合う。

　③1人が打って、ワンバウンドさせる。そのボール
　　を相手の人が受ける。今度は、受けた人が打つ。
　　ワンバウンドしたボールを相手が受ける。10回し
　　たら座る。打つ時「ドン（打つ・ワンバウンド）」
　　と言う。受ける時、「キャッチ」と言う。

（3）「探究の段階」……2対2で練習／4対4でゲーム
　　をする。

　④習得した技術を活かして、ゲームをする。

　⑤作戦会議を開く。ゲームの結果をもとにチームで
　　話し合う。

　　作戦を選んだり、立てたりして、試合でその作戦
　　を試す。

　⑥作戦を試した後に、成果と課題について振り返り
　　を行う。振り返りをもとに、新たな作戦を選んだ
　　り立てたりする。

6　コツ・留意点

（1）ボールが弾むことが大事になるので、空気をきちんと入れて弾むようにする。

（2）個人で行う場合は、バウンドさせたボールが高く上がるようにして強く打つようにする。

（3）2対2で行う場面では、ボールの正面に素早く動く子供を見つけて褒める。

（4）チームが勝つための作戦を考える場面を設定する。「最初に受ける人を決める作戦」「最後
　　に攻撃する人を決める作戦」「セッター役を決める作戦」子供たちの発想を大事にして、作
　　戦を考えさせる。ゲームの後には作戦を振り返る時間も設定する。

7　ICTを活用した授業プラン

（1）「上手なチームの動きの秘密を探そう！」と問い、動画から
　　友達のよい動きを分析させ、上手に攻めるコツを発見させる。

（2）タブレットで作戦の見本映像をいくつか見られるようにし、
　　作戦会議では、チームの作戦決めの参考にさせる。

（3）慣れてくると攻撃力が大事になるので、「相手の後ろに攻撃
　　する作戦」「ちょこんと手前に攻撃する作戦」など、どこを
　　攻めればよいか考えさせる。

プレルボールを基にした易しいゲーム 「ドン! キャッチ・プレルボール」

年　　　組　　　番（　　　　　　　　　　　）

レベル	内容	やり方	振り返り
1 1人でプレル	**技と自己評価のポイント** 1人でボールを打つことができる。 ◎→10回連続できた ○→10回できた △→5回できた	ア はし イ 中心 ボールの中心を打つ	月　　日 ・ ・ ・ できばえ ◎ ○ △
2 2人でプレル①	2人組でワンバウンドパス(ドン、キャッチ)。 ◎→10回連続できた ○→10回できた △→5回できた	打つ時にドン! 受ける時にキャッチ!	月　　日 ・ ・ ・ できばえ ◎ ○ △
3 2人でプレル②	2人組でワンバウンドパス(キャッチなし)。 ◎→10回連続できた ○→10回できた △→5回できた	キャッチなしで、連続で打ち合う	月　　日 ・ ・ ・ できばえ ◎ ○ △
4 2対2でプレル	2対2で打ち合う。 ◎→10回連続できた ○→10回できた △→5回できた	打つ場所を考えて攻撃する	月　　日 ・ ・ ・ できばえ ◎ ○ △
5 4対4でプレル	4対4で打ち合う(キャッチなし)。 ◎→全員でパスを回して、全員が得点を決めた ○→全員でパスを回した △→ボールを打ち合った	作戦を選んだり立てたりしてゲームで試す	月　　日 ・ ・ ・ できばえ ◎ ○ △

●──── 学習カードの使い方：できばえの評価 ●────

レベルの評価： ◎よくできた／○できた／△もう少し
※振り返りには、「自分で気づいた点」と「友達が見て気づいてくれた点」の両方を書きます。

③バドミントンを基にした易しいゲーム

若井貴裕

1 展開

(1) 学習のねらい

　①基本的なボール操作によって、ラケットを使って風船を相手コートに返球したり、その返球の仕方を工夫したりして、ゲームをすることができる。

　②自己の課題を設定して、互いに協力して、ゲームができる。

(2) 学習のねらいを体現する発問・指示・対話的な活動

　主体的な学びの発問・指示→コーンから風船を打ちます。どこに打ったらよいですか。

　対話的な学びの発問・指示→どうすれば遠くに飛ばすことができますか。

　深い学びの発問・指示→どうすれば点を取ることができますか。作戦を立てます。

指示1　1人で風船つきをします。5回できたら合格です。

指示2　ラインから風船を打ちます。

　　　　　ネットを越えたら、隣に行きます。

対話的な活動1　どうすれば遠くに飛ばすことができますか。（例：強く打つなど）

指示3　ペアで風船つきをします。

　　　　　3往復できたら合格です。

指示4　次はネットありで行います。

　　　　　3往復できたら合格です。

指示5　2人1組でチームをつくります。

説明1　2チームで1対1の試合をします。

指示6　最初に試合をする人、コートに出ます。

説明2　もう1人は審判です。

指示7　試合をする人と選手が交代します。

対話的な活動2　どうすれば点を取ることができますか。作戦を立てます。（例：ネットすれすれをねらうなど）

説明3　考えた作戦で2回戦を行います。

指示8　成果や課題を学習カードに記入します。

❶**指示**　ラインから風船を打ちます。ネットを越えたら、隣に行きます。

↓

❷**発問**　どうすれば遠くに飛ばすことができますか。

評価の観点　打ち方を工夫して、遠くのネットまで風船を届かせている。

×は❶へ

↓

❸**発問**　どうすれば点を取ることができますか。

評価の観点　相手が打ち返しにくい場所に風船を打ち返している。

×は❷へ

↓

❹**学習カードで評価する**

□成果の確認をする。

□課題の把握をする。

2 NG事例

(1) ラケット操作の得意な子供だけが活躍する。

(2) 風船打ちができない状態でゲームをする。

(3) 作戦の立て方が分からない子供に、作戦例を紹介しない。

3 場づくり

準備物／風船、簡易ネット（コーンとゴムひもなど）、
子供用バドミントンラケット（右写真）

（1）「習得の段階」……基本的な打ち方を習得する。

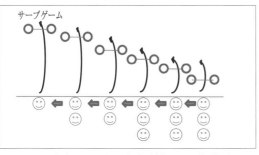

ラインから打つ。ネットを越えたら移動する。

簡易ネット

（2）「活用の段階」……『個人技能＋集団技能』ラリーを続けるコツを見つける。

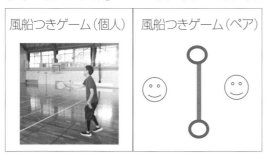

風船つきゲーム（個人）　風船つきゲーム（ペア）

▼ネットなし　　　▼ネットあり

（3）「探究の段階」……『集団技能』集団で相談した作戦にそった動きを獲得する。

Aチーム 😊😊 対 Bチーム 😊😊

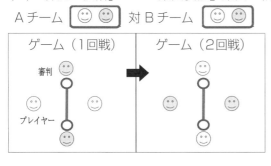

ゲーム（1回戦）　　　ゲーム（2回戦）
審判
プレイヤー

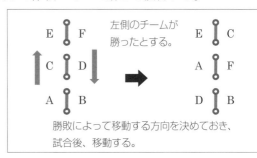

左側のチームが
勝ったとする。

勝敗によって移動する方向を決めておき、
試合後、移動する。

4 協働的な学びをつくる体育的コミュニケーション

　サーブ練習をしている時、「どうすれば遠くに飛ばすことができますか」と発問する。遠くまで飛ばせている人を観察したり、上から打ったり、下から打ったりと打ち方を工夫することで、自分なりの方法を見つけ、これを全体で共有する。またゲームでは、どうすれば点を取ることができるかをチームの2人で考える時間を設ける。上位のチームの試合の動画を見せたり、自分たちの動きを確認したりすることで、動きのイメージがつかめる。こうした協働的な学びを通して、ボール運動や仲間作りの楽しさを味わうことができる。

5 　方法・手順

（1）「習得の段階」……打ち方を知り、どこまで飛ばせるかのゲーム（サーブゲーム）を行う。
　　①風船の打ち方。　　　　　　　　　　　　　　　　②サーブゲーム。

| 上から | 横から | 下から |

（2）「活用の段階」…………風船つきゲームを行い、打ち続けるための工夫を見つける。
　　③個人で風船つきを行う。1〜2分の間に最高何回連続で風船をつくことができるかを競う。
　　　途中で落としてしまった場合は0からとする。ぶつからないように十分な間隔をとる。
　　④ペアで風船つきを行う。1〜2分の間に最高何回連続でラリーを続けることができるかを
　　　競う。途中で落としてしまった場合は0からとする。最初はネットなしで行う。その際、
　　　ペア同士がぶつからないように十分な間隔をとる。その後、ネットありで行う。
　　⑤ラリーが長く続くペアを取り上げて、ラリーを続けるコツを発見させる。
　　⑥再度ペアでラリーを行い、記録がどう変わったかを問う。
（3）「探究の段階」……ペアのチームで作戦を考えながらゲームを行う。
　　⑦2人1組のチームをつくり、チーム同士で1対1のゲーム
　　　を行う。チームの片方がプレイヤー、片方が審判となる。
　　　1回戦終了後に役割交代し、2回戦を行う。1試合2分程
　　　度で、2回の試合の合計点数を競う。
　　⑧勝敗が決まった後、チーム内でよかったところや改善点を
　　　出し合う。その後、コートを移動して、次のチームと対戦する。これを繰り返していく。
　　⑨それぞれの動きのよかったところを出し合ったり、上位のチームの試合の様子を動画で見
　　　せたりして、やってみたい作戦を考える。

6 　コツ・留意点

（1）風船は大人でもおよそ3mしか飛ばない。サーブ練習のネットまでの距離は短くする。
（2）真っすぐ前に押し出すように打つと遠くへ飛ぶ。
（3）ゲームでは、ネット際や相手の体をめがけて打つと打ち返しにくい。

7 　ICTを活用した授業プラン

（1）ラリーが続くペアの動画を撮っておいて分析させ、上手にラリーを続けるコツを共有する。
　　　風船を高く打ち上げると、相手も余裕をもって返せるため、ラリーが続きやすい。また、
　　　相手が上・横・下のどこから打つのがやりやすいのかを考えて返すとラリーが続きやすい。
（2）審判役をしているペアがゲームの様子を動画で撮影しておき、ゲーム終了後、ペアで分析
　　　ができるようにしておく。また上位のチームの動画を見せる。ネット際や相手の体にめがけ
　　　て打つと返しにくいことに気づかせる。

バドミントンを基（もと）にした易（やさ）しいゲーム「風船（ふうせん）バドミントン」

年　　　組　　　番（　　　　　　　　　　　　）

レベル	内容（ないよう）	やり方（かた）	振り返り（ふ かえ）
1 ラケット操作（そうさ）の基本（きほん）①	**技（わざ）と自己評価（じこひょうか）のポイント** サーブ練習（れんしゅう）（ネットを越える）。 ◎→3つ目（め）のネットを越えた ○→1つ目（め）のネットを越えた △→ネットを越えなかった	 上（うえ）・横（よこ）・下（した）のどこから打（う）つとよいか考（かんが）える	月（がっ）　　　日（にち） ・ ・ ・ できばえ ◎ ○ △
2 風船（ふうせん）つきゲーム①	1人（ひとり）で行（おこな）う。 ◎→10回（かい）できた ○→5回（かい）できた △→5回（かい）できなかった	 高（たか）めについて、続（つづ）けやすくする	月　　　日 ・ ・ ・ できばえ ◎ ○ △
3 風船（ふうせん）つきゲーム②	ペアで行（おこな）う（ネットなし）。 ◎→5往復（おうふく）できた ○→3往復（おうふく）できた △→3往復（おうふく）できなかった	 相手（あいて）の打（う）ちやすい位置（いち）に返（かえ）す	月　　　日 ・ ・ ・ できばえ ◎ ○ △
4 風船（ふうせん）つきゲーム③	ペアで行（おこな）う（ネットあり）。 ◎→5往復（おうふく）できた ○→3往復（おうふく）できた △→3往復（おうふく）できなかった	 相手（あいて）の打（う）ちやすい位置（いち）に返（かえ）す	月　　　日 ・ ・ ・ できばえ ◎ ○ △
5 1対（たい）1のゲーム	◎→打（う）ち返（かえ）す場所（ばしょ）を工夫（くふう）できた ○→打（う）ち返（かえ）せた △→打（う）ち返（かえ）せなかった	 相手（あいて）の打（う）ち返（かえ）しにくい場所（ばしょ）を考（かんが）えてゲームで試（ため）す	月　　　日 ・ ・ ・ できばえ ◎ ○ △

◆ 学習（がくしゅう）カードの使（つか）い方（かた）：できばえの評価（ひょうか）◆

レベルの評価（ひょうか）： ◎よくできた／○できた／△もう少（すこ）し
※振り返り（ふ かえ）には、「自分（じぶん）で気（き）づいた点（てん）」と「友達（ともだち）が見（み）て気（き）づいてくれた点（てん）」の両方（りょうほう）を書（か）きます。

④ テニスを基にした易しいゲーム

佐藤貴子

1 展開

（1）学習のねらい

①相手コートからきたボールを、用具を使って相手コートに返球することができる。

②チームや自己の課題を設定して、互いに協力して、ゲームができる。

（2）学習のねらいを体現する発問・指示・対話的な活動

主体的な学びの発問・指示→ボールを打つ時の体の向きは前向きですか。横向きですか。

対話的な学びの発問・指示→どうしたら、ペアでのラリーが長く続きますか。

深い学びの発問・指示→勝つには、どんな作戦を立てたらよいですか。

説明1 テニピンをします。

指示1 ラケットとボールに慣れる練習をします。ドリブルをします。反対の手でやります。上に打ち上げます。反対の手でやります。

指示2 1人で壁打ちをします。

発問1 打つ時の体の向きは、どこ向きですか。

説明2 体の向きは横向きがよいです。

発問2 長く続けるには、どうしたらよいですか。

説明3 横向きになり、打ちます。

指示3 ペア打ち1、合言葉は、「とって打つ」1回ずつとってから打ちます。

指示4 ペア打ち2、合言葉は「とーらない」とらずに、続けて長く打ち続けます。

発問3 長く続けるには、どうしたらよいですか。

説明4 テニピンのルールを覚えます。

指示5 ゲームをします。

対話的な活動1 勝つには、どんな作戦を立てたらよいか、ペアで話し合います。

指示6 2回戦を始めます。

対話的な活動2 ペアで作戦会議を開きます。

2 NG事例

（1）相手コートにボールが返せない。

（2）ペアのコミュニケーションが取れていない。

（3）作戦例を紹介しない。

❶指示 ラケットとボールに慣れる練習をします。

❷発問 どうしたら1人壁打ちを長く打ち続けられますか。
評価の観点 素早くボールの落下点に移動している。

×は❷へ

❸発問 ペアで長く打ち続けるにはどうしたらよいですか。
評価の観点 何回続いたか。

❹発問 勝つには、どんな作戦がありますか。
評価の観点 声をかけ合うなど、どんなことができるか、考えることができる。

❺学習カードで評価する
□成果の確認をする。
□課題の把握をする。

3 場づくり

準備物／ラケット、ボール、ネット、支柱（コーンなどでネットと支柱に代用してもよい）

（1）「習得の段階」……『個人技能』1人・ペアでの基本的な動きを習得する。

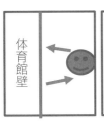

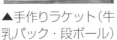

▲手作りラケット（牛乳パック・段ボール）　▲1人壁打ち　▲ペア打ち

（2）「活用の段階」……『個人技能＋ペア技能』ペアで工夫した動きを身につける。

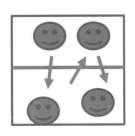

▲ネット代用（コーン・作業用トラさく）　▲ラリーを続ける

（3）「探究の段階」……『ペア技能』ペアでの動きを獲得する。

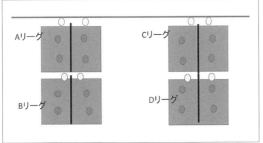

▲リーグ別のゲーム（ペアでのラリー回数によりリーグ分け）　▲2対2のゲーム

4 協働的な学びをつくる体育的コミュニケーション

　テニピンは運動の苦手な子に優しいスポーツである。必ず交代で打つというルールがあるからこそ、苦手な子供でも、自分が次にどう動いたらいいのかが分かり、必ずボールに触ることができる。しかも、最初の4回はポイントにならないので、4人ともが全員ボールを打ってからゲームに突入することができる。ペアでゲームを行うため、2人で声をかけ合って練習やゲームをすることができ、楽しい学習となる。加えて、ICTを活用し、自分たちの動きを客観的に見て、つまずきの解決法を考えたり、勝つための作戦を考えたりすることも楽しい。ペアで技術の向上を目指し、練習・ゲームをすることで、体育的コミュニケーションができる。

1 低学年　ゲーム・鬼遊び

2 中学年　ゲーム

3 高学年　ボール運動

5 方法・手順

（1）「習得の段階」

①ボール慣れの練習。

②1人壁打ちの練習。

ラケットに慣れるため、上下のドリブルを行う。まず利き手で行い、次に反対の手で行う。できるようになったら、長く続くように、1人壁打ちを行う。

③ペアでの練習「とって打つ」→「とーらない」。

テニピンはボールの落下点に移動し、ボールを打つ方向に体を向けることが重要ポイントである。ボールを打つ位置は体の真正面ではなく、体の横。最初は、「とって打つ」を合言葉に、続けず、1球1球区切って打つ。次に「とーらない」を合言葉に長く続ける練習をする。

（2）「活用の段階」

④2対2のタスクゲーム1「めざせ！ラリー新記録！」。

「4人で長くラリーを続けよう」と指示を出し、続けることを目標にタスクゲームをする。

⑤2対2のタスクゲーム2「チャンスボールをねらえ！」。

ラリーがある程度続くようになったら、チャンスボールをねらい、打ち込んだり、ライン上に落としたり変化のある打ち方に挑戦させる。動画を撮り、工夫のある打ち方を発見させる。

（3）「探究の段階」

⑥習得した技術を活かして、ゲームをする。

ラリー回数により、リーグ別にすると、盛り上がる。「ネット落とし作戦」（ネットぎりぎりに落とす）「隙間作戦」（2人の間に打ち込む）など、自分たちが考えた作戦をゲームで活かす。

6 コツ・留意点

（1）素早くボールの落下点に移動する。

（2）打たない時は、素早く場所を空ける。

（3）チャンスボールが来たら、打ち込んだり、落としたり、工夫した打ち方をする。

7 ICTを活用した授業プラン

（1）友達のよい動きを分析させ、ポイントを取る打ち方を発見させる。強く打ち込むには、ボールの横で、体をひねって打ち込むという「動き方のコツ」を発見させる。

（2）動画を見て、「なぜ返せなかったか」ペアで話し合い、「自分が打ったら、すぐ場所を空ける」「前に落としてくる時は、前！と声をかける」など、ペアで解決策を考える。

（3）見本動画を見られるようにし、自分の動きとの違いに気づかせたり、作戦会議の参考にさせたりする。

テニスを基にした易しいゲーム「テニピン」

年　　組　　番（　　　　　　　　　　）

レベル	内容	やり方	振り返り
1 基本的な動き① **技(わざ)と自己評価(じこひょうか)のポイント** ラケットとボールに慣れる練習（上も下も右も左も）。 ◎→10回以上できる ○→3〜9回できる △→0〜2回できる		バウンドを考えてドリブルを続ける	月　　日 ・ ・ ・ できばえ ◎ ○ △
2 基本的な動き② 1人壁打ち。 ◎→壁打ち5回できる ○→壁打ち3回できる △→壁打ち1回できる		ボールの落下点に素早く動く	月　　日 ・ ・ ・ できばえ ◎ ○ △
3 ペアでの練習 （ペアでのラリーが） ◎→ラリーが10回できる ○→ラリーが5回できる △→ラリーが3回できる		「とーらない」のリズムに合わせて打つ	月　　日 ・ ・ ・ できばえ ◎ ○ △
4 タスクゲーム 4人でのラリーが続く。 ◎→ラリーが10回できる ○→ラリーが5回できる △→ラリーが3回できる		相手が打ちやすいボールを返す	月　　日 ・ ・ ・ できばえ ◎ ○ △
5 ゲーム 2対2のゲームをする。 ◎→チャンスボール5回以上できる ○→チャンスボール2〜4回できる △→チャンスボール0〜1回できる		チャンスボールは、ねらって打つ	月　　日 ・ ・ ・ できばえ ◎ ○ △

● 学習カードの使い方：できばえの評価 ●

レベルの評価： ◎よくできた／○できた／△もう少し

※振り返りには、「自分で気づいた点」と「友達が見て気づいてくれた点」の両方を書きます。

⑤天大中小※など、子供の遊びを基にした易しいゲーム

本吉伸行

1 展開

（1）学習のねらい

　①相手コートから飛んできたボールを片手、両手を使って相手コートに返球したり、ボールの方向に体を向けたり、ボールを操作しやすい位置に移動したりすることができる。

　②運動に進んで取り組み、簡単な作戦を考え、友達に伝えることができる。

（2）学習のねらいを体現する発問・指示・対話的な活動

　主体的な学びの発問・指示→できるだけ多く、ラリーを続けます。

　対話的な学びの発問・指示→ラリーが続くには、どこで、どのようにプレルすればよいですか。

　深い学びの発問・指示→全員プレルしてラリーを続けるにはどうしたらよいですか。

指示1　ボールを上にプレルして、ワンバウンドして相手に返します。できるだけ多くラリーを続けます。

指示2　間にラインがある状態で、ラリーをしなさい。

指示3　ラリーをできるだけ続けなさい。

指示4　4人組。田の字で、ラリーをします。

発問1　チームでラリーが続くためには、どうしたらよいですか。

対話的な活動1　ラリーが続くためには、どこにいてどのようにプレルすればよいですか。

指示5　チームで対戦します。全員プレルで10回ラリーが続くごとに、得点板に1点ずつ点数を入れなさい。

説明1　1回戦の結果を発表します。

対話的な活動2　10回ラリーが続く間に、全員がプレルしないと1点になりません。どのように、プレルするか作戦を考えなさい。

指示6　2回戦をします。チームの立てた作戦でゲームをします。2回戦の結果を発表します。

指示7　成果や課題を学習カードに記入します。

❶**指示**　できるだけ多く、ラリーを続けます。

↓

❷**発問**　チームでラリーが続くためにはどうしたらよいですか。

評価の観点　ラリーが続くための方法をチームで考え、伝え合っている。

×は❶へ

↓

❸**発問**　チームが勝つためには、どんな作戦を立てたらよいですか。

評価の観点　役割分担や、ラリーの仕方を考えている。

×は❷へ

↓

❹**学習カードで評価する**

□成果の確認をする。

□課題の把握をする。

2 NG事例

（1）ルールが理解できない。

（2）技能の習熟がないままゲームをして、ラリーが続かない。

（3）作戦の立て方が分からず、作戦を立てることができない。

※天大中小……元大中小ともいう。

3　**場づくり**

準備物／ドッジボール、ビニールテープ（簡易のコートを作るため）

（1）「習得の段階」……ラリーを続けることで、基本的なボール操作の動きを習得する。

元々ある物を利用して、2人組でプレルの練習をする

▲2人組で、ラリーを続ける練習をする

（2）「活用の段階」……4人組でラリーを続け、チームで技能を向上させる。

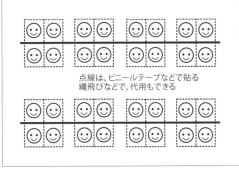

点線は、ビニールテープなどで貼る
縄飛びなどで、代用もできる

▲4人組で、ラリーを続ける練習をする

（3）「探究の段階」……チームでポイントを取るために、役割分担などを考える。

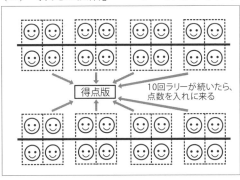

得点版　10回ラリーが続いたら、
点数を入れに来る

▲10点になったら1人が抜けて得点板

4　**協働的な学びをつくる体育的コミュニケーション**

　ラリーが続いたことで、点数が入るというルール設定にすると、自ずと協同的なコミュニケーションが必要となる。「どのようにプレルすればよいのか」「どこでボールを待てばよいのか」と発問することで、作戦を立てることができるようになる。以下のような作戦例が考えられる。

　①後ろの方で構えることで、プレルしやすくなる。

　②山なりのボールの方が、受け取る側がプレルしやすい。

　③時計回り（反時計回り）でプレルすると全員プレルして、点数が入りやすい。

5　方法・手順

（1）「習得の段階」

① 左右、両手でボールをつくことを続ける。

② 2人組でプレルしてラリーを続ける。

（2）「活用の段階」……4人チームでラリーを続ける。

③ プレルした数を数え、できるだけ多くラリーが続くように練習する。

④ ラリーを続けるために、どこにいて、どのようなボールを送ればよいかを考える。

（3）「探究の段階」……10回ラリーが続いたら得点板に点数を入れるゲームを行う。（時間5分）

⑤ ラリーを続けるために、コートの奥で構え、山なりのボールをプレルする等の動きを話し合う。

⑥ ラリーを続けるために、時計回りにプレルしたり、低いボールでプレルしたり、などの協力の仕方を話し合い、実際に試してみる。

⑦ 得点を入れる係を決めるなどの作戦を考える。

⑧ 作戦を試した後に、成果と課題について振り返りを行う。振り返りをもとに、新たな作戦を選んだ

▲ 10点になったら1人が抜けて得点板へ得点を入れに行く

り立てたりする。例えば、得点を入れに行く人を順番で変えるなどの作戦が考えられる。

6　コツ・留意点

（1）プレルは、手のひら全体を使い、山なりのボールを打つようにする。

（2）コートの後ろの方で構えることで、どこにボールが来てもプレルしやすくなる。

（3）時計回り反時計回りなど、プレルの順番を決めると、安定してプレルできる。

7　ICTを活用した授業プラン

（1）チームのメンバーが動画を撮影、保存し、同じチームで動画を確認する。

（2）チームのメンバーがコートの前、後ろ、中央など、どこで構えていて、どのような高さやコースでプレルしているか、動画を見ながら話し合う。

（3）相手チームの動画を撮影し、プレルしたボールの動きや、プレルする順番などを観察し、取り入れるようにする。

天大中小など、子供の遊びを基にした易しいゲーム 「天大中小」

年　　　　組　　　　番（　　　　　　　　　　）

レベル	内容	やり方	振り返り
1	**基本的なボール操作①** 技(わざ)と自己評価(じこひょうか)のポイント 1人でボールをつく。 ◎→左右交互に10回以上つける ○→片手で10回以上つける △→10回つけない	片手でつけたら、両手でつく	月　　　日 ・ ・ ・ できばえ ◎ ○ △
2	**基本的なボール操作②** 2人組でラリーを続ける。 ◎→10回以上ラリーができた ○→5回以上ラリーができた △→5回ラリーができなかった	山なりのボールだとラリーがしやすい	月　　　日 ・ ・ ・ できばえ ◎ ○ △
3	**4人組でのラリー** 4人組でラリーを続ける。 ◎→10回以上ラリーができた ○→5回以上ラリーができた △→5回ラリーができなかった	ラリーの順番を考えて行う	月　　　日 ・ ・ ・ できばえ ◎ ○ △
4	**ゲーム（他チームと対戦）** 10回ラリーで1点の対戦ゲーム。 ◎→役割分担し作戦を考え話し合った ○→ラリーを続けるための方法を考え話し合った △→作戦を立てられなかった	得点板 10回ラリーが続いたら点数を入れに来る。 役割分担を決めて、行う	月　　　日 ・ ・ ・ できばえ ◎ ○ △
5	**相手チームや自分のチームの観察** タブレットを使い観察しよう。 ◎→相手チームや自分のチームの課題を話し合えた ○→チームで話し合えた △→話し合いができなかった	ゲームの様子を撮影して、自分のチームに活かせることを話し合う	月　　　日 ・ ・ ・ できばえ ◎ ○ △

● 学習カードの使い方：できばえの評価 ●

レベルの評価：◎よくできた／○できた／△もう少し
※振り返りには、「自分で気づいた点」と「友達が見て気づいてくれた点」の両方を書きます。

① 攻める側がボールを蹴って行う 易しいゲーム

髙橋智弥

1 展開

(1) 学習のねらい

①基本的なボール操作→ボールを蹴ったり、捕ったりすることができる。

② ボールを持たない時の動き→飛球方向に移動、全力で走塁ができる。

③ゲームの規則の工夫、簡単な作戦を選ぶことができる。

(2) 学習のねらいを体現する発問・指示・対話的な活動

主体的な学びの発問・指示→コーンの間にボールを蹴ります。

対話的な学びの発問・指示→どこに蹴れば得点が入りますか。

深い学びの発問・指示→相手の得点を防ぐには、どこにアウトゾーンを置きますか。

指示1 2人組でボールを蹴る練習をします。軸足をボールの横に置きます。

指示2 ストライク競争①をします。コーンの間に入ったら1点です。1人5回蹴ります。

指示3 ストライク競争②をします。段ボールに当てたら1点です。1人5回蹴ります。

指示4 キックベースボールをします。本塁ベース上に置いたボールを蹴ります。

対話的な活動1 どこに蹴れば、得点が入りますか。
ア)右方面　イ)左方面　ウ)真ん中方面
チームで話し合います。

説明1 守備側はボールを捕ったら整列して「アウト」とコールします。

対話的な活動2 アウトゾーンを3つ置きます。相手の得点を防ぐには、どこにアウトゾーンを置きますか。
チームで作戦会議をします。

指示5 成果や課題を学習カードに記入します。

❶**指示** コーンの間にボールを蹴ります。入ったら1点。1人5回蹴ります。

×は❶へ

❷**発問** どこに蹴れば得点が入りますか。

評価の観点 守備がいないところを見つけている。

×は❷へ

❸**発問** 相手の得点を防ぐにはどこにアウトゾーンを置きますか。

評価の観点 蹴る人に応じてアウトゾーンの位置を工夫している。

❹**学習カードで評価する**
□成果の確認をする。
□課題の把握をする。

2 NG事例

(1) 一部の上手な男子のみ活躍する。

(2) 攻撃、守備の両方を体験することができない。

(3) 守備側の作戦例を提示しない。

3　場づくり

準備物／ボール、三角コーン、段ボール

（1）「習得の段階」……『個人技能』基本的なボール操作の動きを習得する。

ストライク競争〈1〉　　　　　　　　　　ストライク競争〈2〉

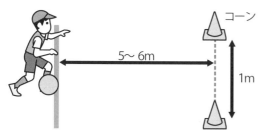

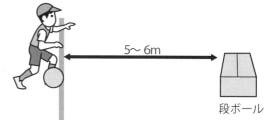

1人5回ずつシュートして、コーンの間に　　　1人5回ずつシュートして、段ボールに
何回入れることができるかを競争する。　　　何回当てることができるかを競争する。

（2）「活用の段階」……『集団技能（攻め）』攻めに必要な動きを身につける。

　①本塁ベース上に置いたボールを蹴る。

　　※子供の実態に応じて転がしたボールを蹴るのも可能。

　②役割を決めて攻撃をする（2番が打者とすると、2番は待機、
　　3番は3塁、4番は2塁、5番は1塁ランナーになる。4
　　人チームの場合は待機なし）。

　③シュートをしたら全員がスタートし、守備側がアウトのコー
　　ルをするまでにホームに到達した人が得点となる。

〈守備側〉

　守りの全員が集まって整列して、「アウト」とコールする。

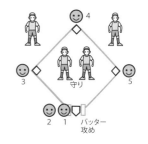

（3）「探究の段階」……『集団技能（守り）』守りに必要な動き
　　を身につける。

　①アウトゾーンを3つ置く。

　②守備側はボールを捕ったら、アウトゾーンに集まり「アウト」
　　とコールする。

　③得点を防ぐために、アウトゾーンの場所を変える。

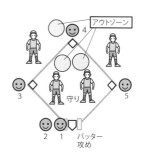

4　協働的な学びをつくる体育的コミュニケーション

　ボールの蹴り方が上手な子供を取り上げて「よいところはどこですか」と発問し、紹介する。
　蹴り方について教師が一方的に教えるのではなく、上手な子供を例に挙げて、ポイントに気
づかせるようにする。その際に、教師がわざと悪い例を示すようにする。ゲームの際はチーム
同士のよい声がけを取り上げて、紹介し広めるようにする。
　苦手な子供でも安心して行えるようにする雰囲気づくりが大切である。また、ルールがある
程度、習熟してきたら、守備側のアウトゾーンの位置を話し合わせる。作戦によってゲームが
面白くなると、チームで協力するよさを感じることができる。

5 方法・手順

（1）「習得の段階」……ねらいに向かってボールを蹴る技能を習得する。

　①シュートの練習。　　②ストライク競争〈1〉。　　　③ストライク競争〈2〉。

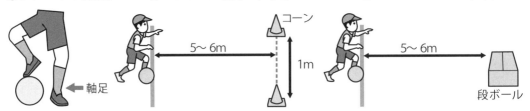

（2）「活用の段階」……キックベースボールゲーム〈1〉

　①1チーム4〜5人とする。

　②場づくりをする（右図参照）。

　③全員が蹴ったら攻守を交代する。

　④「どこに蹴れば得点が入りますか」と発問し、守
　　備がいない場所に気づかせる。

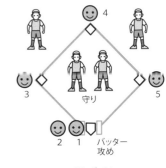

▲場づくり

（3）「探究の段階」……キックベースボールゲーム〈2〉

　①アウトゾーンを3つ設置する。

　②「相手の得点を防ぐにはどこにアウトゾーンを置
　　きますか」と発問し、アウトゾーンの位置を工夫
　　させる。

アウトゾーンの例

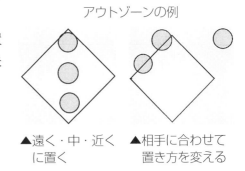

▲遠く・中・近く　　▲相手に合わせて
　に置く　　　　　　置き方を変える

6 コツ・留意点

（1）軸足をボールの横に置いて蹴るようにする。

（2）攻撃の時は守備がいないところに蹴るようにする。

（3）守備の際は、蹴る人によってアウトゾーンの位置を変えて素早くアウトにできるようにする。

7 ＩＣＴを活用した授業プラン

（1）蹴り方が上手な子供の動画を撮り、軸足の位置、ボールの蹴り方などのコツを発見させる。

（2）アウトゾーンの位置（遠く・中・近くに置く、相手に合わせて置き方を変える）を写真で撮っ
　　ておき、なぜこの置き方にしたのかを話し合う。

（3）タブレットで作戦の見本の映像をいくつか見られるようにして、チームの作戦決めの参考
　　にさせる。

攻める側がボールを蹴って行う易しいゲーム「キックベースボール」

年　　組　　番（　　　　　　　　　）

レベル	内容	やり方	振り返り
1	**基本的なボール操作** 〔技と自己評価のポイント〕 ねらいに向かってボールを蹴る。 ◎→ねらいに向かって蹴る ○→軸足をボールの横に置く △→軸足を置くことができない	←軸足 軸足をボールの横に置いて蹴る	月　　日 ・ ・ ・ できばえ ◎ ○ △
2	**ストライク競争〈1〉** コーンの間に向かってボールを蹴る。 ◎→4点以上 ○→1点以上 △→0点	コーン 5〜6m　1m 1人5回蹴って、1回入ったら1点とする	月　　日 ・ ・ ・ できばえ ◎ ○ △
3	**ストライク競争〈2〉** 段ボールに向かってボールを蹴る。 ◎→4点以上 ○→1点以上 △→0点	5〜6m　段ボール ・1人5回蹴ける　・1回当てたら1点とする	月　　日 ・ ・ ・ できばえ ◎ ○ △
4	**キックベースボール〈1〉** 守備の位置を意識してボールを蹴る。 ◎→守備の位置によって蹴る方向を変える ○→守備の位置を意識する △→蹴ることができない	4 3　守り　5 2 1 バッター 攻め 守備の位置を見ながら、蹴る位置を工夫する	月　　日 ・ ・ ・ できばえ ◎ ○ △
5	**キックベースボール〈2〉** バッターに合わせてアウトゾーンの位置を変える。 ◎→バッターに合わせてアウトゾーンの位置を変える ○→アウトゾーンの位置を考える △→アウトゾーンを考えることができない	コーン 5〜6m　1m バッターに合わせてアウトゾーンの位置を工夫する	月　　日 ・ ・ ・ できばえ ◎ ○ △

◆ 学習カードの使い方：できばえの評価 ◆

レベルの評価： ◎よくできた／○できた／△もう少し
※振り返りには、「自分で気づいた点」と「友達が見て気づいてくれた点」の両方を書きます。

②手や用具などを使って打ったり、静止した ボールを打ったりして行う易しいゲーム

盛岡祥平

1　展開

（1）学習のねらい

①バッティングや捕球、送球の技能を身につけてゲームができる。

② チームや自己の課題を設定して、互いに協力して、ゲームができる。

（2）学習のねらいを体現する発問・指示・対話的な活動

主体的な学びの発問・指示→10回続けてキャッチボールをするには、どうしたらよいですか。

対話的な学びの発問・指示→チームが勝つには、誰がどこで守るとよいですか。

深い学びの発問・指示→ボールを打って得点を入れるには、どんな作戦がよいですか。

指示1	2人1組でキャッチボールをします。
発問1	10回続けてキャッチボールをするには、どうしたらよいですか。
指示2	2チームに分かれて、ゲーム①をします。攻撃側が全員打ったら、攻守交代です。
指示3	守備全員がボールを捕った人の後ろに並んだらアウトです。
説明1	ゲーム①の結果を発表します
発問2	ゲーム②を行います。ルールを変えます。どんなルールがよいですか。
対話的な活動1	チームが勝つには、誰がどこで守るとよいですか。
指示4	ゲーム②を始めます。声をかけ合いながら、楽しくゲームをします。
発問3	ボールを打って得点を入れるには、どんな作戦がよいですか。
対話的な活動2	チームで作戦会議を開きます。
説明2	勝つためには、人がいない方向に向かって、ボールを打てばよいです。
指示5	次の時間は、満塁の状態からスタートする満塁ティーボールをします。

2　NG事例

（1）一部の野球が好きな子供だけが活躍する。

（2）ゲームのルールが分からない。

（3）ボールが来ても積極的に取りに行こうとしない。

❶指示　10回続けてキャッチボールをします。

↓

❷発問　10回続けるには、どうしたらよいですか。

評価の観点　相手が受けやすいところに投げている。

↓

❸発問　チームが勝つには誰がどこで守るとよいですか。

評価の観点　チームで話し合い守備位置を決めることができる。

×は❸へ

↓

❹発問　得点を入れるには、どんな作戦がよいですか。

評価の観点　人がいない方向へ打つと得点が取れる。

↓

❺学習カードで評価する

□成果の確認をする。

□課題の把握をする。

3 場づくり

準備物／ボール、バッティングティー、バット、カラーコーン、テニスラケット

（1）「習得の段階」……『個人技能』投げる・捕る・打つ、の基本的な動きを身につける。

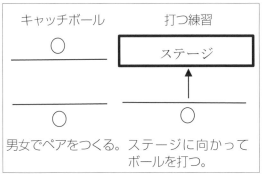

男女でペアをつくる。ステージに向かってボールを打つ。

▶キャッチボール

▶打つ練習

（2）「活用の段階」……『個人技能＋集団技能』ボールを捕る・打つ、の動きのコツを見つける。

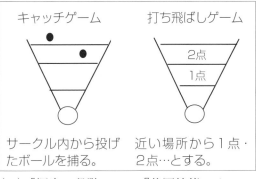

サークル内から投げたボールを捕る。　近い場所から1点・2点…とする。

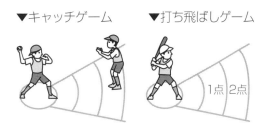

▼キャッチゲーム　　▼打ち飛ばしゲーム

1点 2点

（3）「探究の段階」……『集団技能』チームで決めた作戦にそった動きを獲得する。

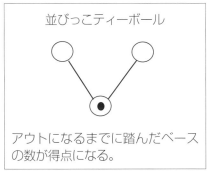

並びっこティーボール

アウトになるまでに踏んだベースの数が得点になる。

ゲームに慣れてきたら

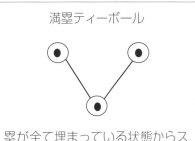

満塁ティーボール

塁が全て埋まっている状態からスタートする。

4 協働的な学びをつくる体育的コミュニケーション

「得点を入れるための作戦をチームで考えよう」と、チームで作戦を考える時間を設定する。相手チームの守備位置を見て、空いた場所をねらってボールを打つ「隙あり作戦」や、守備の上手な人がいない方向に打つ「ねらい打ち作戦」などのアイデアが子供たちから出てくる。

　ゲームで実践させた後、全体の場で「どんな作戦がありましたか」と問うことで、共有する。いいなと思った作戦をチームに取り入れようとすることで、チーム内の体育的コミュニケーションが増え、思考場面も増える。作戦によって、より多くの得点が入るようになると、チームで協力することのよさを感じることができる。

1 低学年　ゲーム・鬼遊び

2 中学年　ゲーム

3 高学年　ボール運動

5 方法・手順

（1）「習得の段階」…………投げる・捕る・打つ動きを身につけ、簡単なゲームを行う。

①フライキャッチ。　　②ゴロキャッチ。　　③打つ。

（2）「活用の段階」……チームでミニゲームを行い、動き方の工夫を見つける。

　　④攻守のないキャッチゲームを行う。遠くでキャッチすればするほど、高得点となる。

　　⑤用具を選択し、打ち飛ばしゲームを行う。遠くに飛ばせば飛ばすほど、高得点となる。

（3）「探究の段階」……チームで作戦を考えながら、並びっこティーボールを行う。

　　⑥習得した技術を活かして、並びっこティーボールを行う。

　　⑦チームで作戦を考え、「隙あり作戦」や「ねらい打ち作戦」などの作戦をゲームで試す。

　　⑧全体の場で、どんな作戦があったか、どの作戦がよかったかを話し合い、チームでより得
　　　点を入れるための作戦を選んだり新たな工夫を付け加えたりする。

6 コツ・留意点

（1）キャッチボールを積極的に行い、ボールに触れる機会を十分に確保する。

（2）打ち飛ばしゲームでは、『バットで打つ』『ラケットで打つ』『手で打つ』から選択できるよ
　　うにする。

（3）並びっこティーボールの攻撃では、守備している人がいない方向に打つと得点が入りやす
　　いことに気づかせる。

（4）並びっこティーボールの守備では、苦手な子供が移動しやすい守備位置を考える。

7 ICTを活用した授業プラン

（1）上手にボールを打てるようになるために、正しいフォームの打ち方の動画をタブレットに
　　流す。「当たる瞬間までボールを見ている」「打ち終わるまで、両手でしっかりバットを持っ
　　ている」といった上手に打つコツを発見させる。

（2）自分の動きを撮影し、よい動きと比較することで、「腰の回転ができていない」「腕の振り
　　がまだ足りない」などの課題を明確にする。

（3）ゲームの動きをタブレットで撮影し、お互いの動きをチーム内で見合いながら、「人がいな
　　い方向に打てるとよかったね」などのよくなるためのアドバイスをし合う。

手や用具などを使って打ったり、静止したボールを打ったりして行う易しいゲーム「ティーボール」

年　　組　　番（　　　　　　　　　　　）

レベル	内容	やり方	振り返り
1 キャッチボール **技**と**自己評価**のポイント 2人組で投げる、捕るの練習。 ◎→10回続けてできる ○→5回続けてできる △→キャッチができる		手のひらでふたをするようにしてキャッチする	月　　日 ・ ・ ・ できばえ ◎ ○ △
2 打つ練習 手からボールを落として打つ。 ◎→20m以上飛ばせる ○→10m以上飛とばせる △→前に飛ばせる		ボールから目を離さないようにして打つ	月　　日 ・ ・ ・ できばえ ◎ ○ △
3 キャッチゲーム ボールが飛んだ方向に動ける。 ◎→10m離れた距離で捕れる ○→5m離れた距離で捕れる △→キャッチができる		キャッチしやすい場所に動く	月　　日 ・ ・ ・ できばえ ◎ ○ △
4 打ち飛ばしゲーム ボールから目を離さずに打つ。 ◎→30m以上飛ばせる ○→15m以上飛ばせる △→前に飛ばせる		ティーの後ろ側に立って打つ	月　　日 ・ ・ ・ できばえ ◎ ○ △
5 ティーボール 並びっこティーボールをする。 ◎→役割を守りできる ○→ルールを守りできる △→協力してできる		作戦を立ててゲームで試す	月　　日 ・ ・ ・ できばえ ◎ ○ △

学習カードの使い方：できばえの評価

レベルの評価：◎よくできた／○できた／△もう少し
※振り返りには、「自分で気づいた点」と「友達が見て気づいてくれた点」の両方を書きます。

3

高学年
ボール運動

ア ゴール型ゲーム

・バスケットボール　・サッカー　・ハンドボール

・タグラグビー　・フラッグフットボール

イ ネット型ゲーム

・ソフトバレーボール　・プレルボール

・バドミントン　・テニス

ウ ベースボール型ゲーム

・ソフトボールを基にした簡易化されたゲーム

・ティーボールを基にした簡易化されたゲーム

① バスケットボール（その1）

上川 晃

1 展開

（1）学習のねらい
　①チーム内の役割を分担し、正確なパス、キャッチング、スローイング、シュートを身につけ、楽しくゲームができる。
　②チームや自己の課題を設定し、互いに協力して、簡素化されたゲームを、チーム全員で楽しもうとする。
（2）学習のねらいを体現する発問・指示・対話的な活動
　主体的な学びの発問・指示→パスがつながるには、どんな動きをしたらよいですか。
　対話的な学びの発問・指示→「3対2」のゲームで勝つには、どんな作戦を立てますか。
　深い学びの発問・指示→「3対3」のゲームで勝つには、どんな作戦を立てますか。

指示1	太鼓に合わせて、いろいろなボールを使った準備運動をします。
指示2	2人組をつくりなさい。
説明1	いろいろなパスに挑戦します。相手がキャッチしやすい所に投げます。
指示3	3人組か4人組をつくりなさい。パス＆ラン、パス＆カットをします。
説明2	パスしたら、すぐに走ります。
指示4	3〜5人で鳥かごをつくります。1人か2人が、鬼になります。
説明3	鬼は、パスするボールをカットします。カットされた人は、鬼と交代します。
発問1	パスをつなげるにはどんな動きをしますか。
説明4	ボールを持たない人が、動くとよいのです。パスが通る場所を見つけ、動くのです。
指示5	3対2のタスクゲームをします。コーンのある5カ所に分かれて、座りなさい。
説明5	3対2は試合形式の練習です。攻撃3人、守備は2人。3人のうちの真ん中の人が、最初のボールを持ちます。①攻撃側が得点したら終了です。②守備側がボールを奪ったら終了です。③ボールがラインアウトでも終了です。④終わったら、時計回りに場所を変わります。
発問2	3対2で勝つには、どんな作戦を立てますか。
指示6	3対3のミニゲームをチーム対抗でします。
説明6	①試合のルールは、3対2と同じです。②勝ったチームはコートに残り、守備です。③負けたチームは他のチームと交代します。
対話的な活動1	勝ち残るためには、どんな作戦を立てますか。

2 NG事例

（1）一部の男子だけが活躍する。ボールに触れない子供たちが出る。意欲が下がる。
（2）パスが通らない。シュートに結びつかない。
（3）話し合うための具体的な手立てを示されず、話し合いができない。

---

❶指示 太鼓に合わせて、いろいろなボールハンドリングをします。

↓

❷指示 2人組でパスをしたり、ボールの奪い合いをしたりします。

↓

❸発問 パスをつなげるには、どんな動きをしますか。

評価の観点 ボールを持たない時の動きが大切。

↓

❹発問 3対2のタスクゲームで勝つにはどんな作戦を立てますか。

評価の観点 攻撃側はシュートにつながる動き。守備側はシュートさせない動き。それをカバーできる作戦になっているかどうか。

↓

❺発問 3対3のゲームで、勝ち残るためには、どんな作戦を立てますか。

評価の観点 攻撃側はシュートにつながる動き。守備側はシュートさせない動き。それをカバーできる作戦になっているかどうか。

↓

❻学習カードで評価する

□成果の確認をする。
□課題の把握をする。

×は❸へ

3 場づくり

準備物／バスケットボール（1人に1個）※体育館がよい。

（1）「習得の段階」……『個人技能』1人・2人で、基本的なボールハンドリングを習得する。

ドリブルやシュートなど、いろいろ動きを
ボールを扱いながら、慣れさせていく。

（2）「活用の段階」……『個人技能＋集団技能』2人・3人・4人で、パスやカット練習を行う。

2〜4人のグループで、パスやボールをカット

（3）「探究の段階」……『集団技能』チーム対抗のタスクゲームやミニゲームをする。

・3対2のタスクゲームを行う。ボールアウ
　トか得点で、時計回りに移動。
・3対3のミニゲームを行う。勝ったチーム
　は、勝ち残り。負けたチームは、どんどん
　入れ替わって挑戦できる。

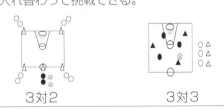

3対2　　　　　3対3

▲3対2 タスクゲーム

▲3対3 ミニゲーム

4 協働的な学びをつくる体育的コミュニケーション

　子供の実態は、技能差が大きい。それらの差を埋めるためにも、次のような工夫をする。①3、4人でパス＆カット。4、5人での鳥かごでのパス＆カット。②3対2のタスクゲーム。③3対3のゲーム。それは、次のような利点があるからである。ボールを持たない時の動きが身につく。どこを見てプレーするか分かってくる。コツやテクニカルポイントを発見できるようになるのである。また、ゲームで勝つための作戦を、タブレットでの動画を見ながら、みんなで考えることで、仲間とのコミュニケーションがはかれる。対話を通して、攻撃の型や守備の型を考えることで、チームワークの大切さを感じてほしいと思う。

5 方法・手順

（1）「習得の段階」……１人または２人で行う。

①ボール慣れをする。　　②パスとキャッチングの練習。　　③ドリブルの練習。

（2）「活用の段階」……３人または４人で行う（それ以上でも可能）。

④パス＆ラン。　　⑤パス＆カット。　　⑥鳥かご。

（3）「探究の段階」……３対２のゲーム練習・３対３のミニゲーム。

⑦３対２のゲーム練習。習得した技術を活かして、ゲーム練習をする。

⑧３対３のミニゲーム。勝つための作戦を考え、話し合う。

6 コツ・留意点

（1）ドリブルやパス等のボールコントロールが、自在にできる。

（2）パスを通すために、目線を飛ばすことができる。

（3）ボールを持たない時の動きが分かり、空いている場所に素早く移動できる。

（4）シュートに結びつく動きが分かり、協力して作戦を立てることができる。

（5）勝つための作戦を、協力して考えることができる。

7 ＩＣＴを活用した授業プラン

（1）ドリブルやシュートの様子を撮影し、味方にパスが通るように、得点できるように、みんなで考え修正していく。

（2）３対２のタスクゲームを撮影し、互いの動きを確認し合う。そして、どのような動きが攻撃にはよいのか、どのような動きが守りにはよいのか考える。

（3）３対３のゲームの様子を撮影し、相手に勝つための作戦を、協力して考えることができる。例えば攻撃なら、ボールを持っていない子供が、空いたスペースに走る。例えば守りなら、ゴール下を固めたり、ボールを持っていない子供をマークするなどの作戦が出るとよい。

「バスケットボール（その1）」

年　　　組　　　番（　　　　　　　　　　　）

レベル	内容	やり方	振り返り
1 基本的な動き **技と自己評価のポイント** ボール慣れ、ドリブル。 ◎→いつも正確にできる ○→だいたい正確にできる △→あまり正確にできない		ボールを使ってのいろいろな動き	月　　　日 ・ ・ ・ できばえ ◎ ○ △
2 パス＆シュート 2人でパスやシュート。 ◎→いつも成功 ○→だいたい成功 △→あまり成功しない		胸の高さにパス　リングをねらう	月　　　日 ・ ・ ・ できばえ ◎ ○ △
3 パス＆カット 3、4人でパスやカット。 ◎→いつも成功 ○→だいたい成功 △→あまり成功しない		走りながら　両手を広げて	月　　　日 ・ ・ ・ できばえ ◎ ○ △
4 3対2タスクゲーム 全員で、攻守の練習。 ◎→協力してできた ○→ルールを守ってできた △→あまりできなかった		3対3 時計回りでポジション交代	月　　　日 ・ ・ ・ できばえ ◎ ○ △
5 3対3ミニゲーム 3対3の試合。 ◎→協力してできた ○→ルールを守ってできた △→あまりできなかった		みんなで協力し勝つ作戦を考える	月　　　日 ・ ・ ・ できばえ ◎ ○ △

● 学習カードの使い方：できばえの評価 ●

レベルの評価： ◎よくできた／○できた／△もう少し
※振り返りには、「自分で気づいた点」と「友達が見て気づいてくれた点」の両方を書きます。

② バスケットボール（その2）

工藤俊輔

1 展開

（1）学習のねらい

①ボール操作とボールを持たない動きを身につけることができる。

②易しい状況の中で、チームの作戦に基づいた位置取りをするなどの攻守入り交じった簡易化されたゲームをすることができる。

③ルールやマナーを守り、仲間と助けることができる。

（2）学習のねらいを体現する発問・指示・対話的な活動

主体的な学びの発問・指示→楽しく試合をするために、どんな動きが必要ですか。

対話的な学びの発問・指示→シュートを決めるために、どこに動いたらよいですか。

深い学びの発問・指示→チームが勝つには、どんな作戦を立てたらよいですか。

指示1　3人チームです。

　　　　リングは1点、入れば2点です。

指示2　攻めは3人、守りは0人です。

指示3　2分間です。はじめ。

指示4　チームごとに点数を発表します。

発問1　得点を取るためにどのように動きましたか。

指示5　攻めは3人、守りは兄弟チームから1人出します。

指示6　2分間です。はじめ。

対話的な活動1　得点を取るために、どのように動くとよいか、チームで話し合います。

指示7　攻めは3人、守りは兄弟チームから2人出します。

指示8　2分間です。はじめ。

発問2　チームが勝つためには、どんな攻め方がよいですか。

対話的な活動2　チームで話し合います。

説明1　勝つためには、相手のいない場所を見つけて、素早く動き、パスをもらいます。

指示9　成果や課題を学習カードに記入します。

❶発問　楽しく試合をするために、どんな動きが必要ですか。

×は❶へ

↓

❷発問　シュートを決めるために、どこに動いたらよいですか。

評価の観点　誰もいない所に移動してパスをもらう。

×は❷へ

↓

❸発問　チームが勝つには、どんな攻め方がよいですか。

評価の観点　チームの特徴に応じた作戦を選び、工夫することができる。

↓

❹学習カードで評価する

□成果の確認をする。

□課題の把握をする。

2 NG事例

（1）一部の上手な子供だけが活躍する。

（2）プレーヤーの人数が多過ぎてボールに触れる機会の少ない子供が出てくる。

（3）作戦の立て方が分からないチームに、作戦例を紹介しない。

3　場づくり

準備物／バスケットボール、ケンステップ、得点板

（1）「習得の段階」……基本的なボール操作の動き。

　①シュート練習……1分間に何回シュートが入るか合計を出す。

　②パス練習…………鬼に取られないようにパスを回す。（1分間で交代）

　③ドリブル練習……鬼に取られないようにドリブルをして逃げる。（1分間で交代）

シュート練習　　パス練習　　ドリブル練習

（2）「活用の段階」……『個人技能＋集団技能』攻めや守りに必要な動きを身につける。

　1分間で何点取れるか競う。多く取れたチームの勝ちとする。

3対1　　3対2

（3）「探究の段階」……『集団技能』集団での攻守入り交じった動きを獲得する。

　（作戦例）ボールを捕ったら、どこに移動するか考えさせる。

3対3

4　協働的な学びをつくる体育的コミュニケーション

「兄弟チームの上手な動きを探そう！」という活動を設ける。例えば、「誰もいないところに動いてパスをもらっている」などの発言が出る。これを全体で共有する。よい動きをチームに取り入れようと、子供同士の体育的コミュニケーションが増え、動きがよくなってくる。

　次に「どうすればもっと得点を取れるかな」と作戦会議の時間を設ける。子供たちは意見を出し合い、チームの課題を解決する作戦を選んだり立てたりする。

　こうした作戦が少しでも上手くいくとゲームが楽しくなる。友達との関わりも楽しくなる。協働的な学びを通して、ボール運動や仲間づくりの楽しさを味わうことができる。

5　方法・手順

（1）「習得の段階」

①1分間シュートゲーム。　　　　　　　②鳥かごゲーム（1分間鬼に取られないようにする）。

（2）「活用の段階」……3対0、3対1、3対2のゲームを行う（半面コート）。

③3対0や3対1、3対2のタスクゲームを行う。攻撃側がシュートを決めるか、守備側がパスカットをしたらゲームを区切る。攻撃や守備を1人ずつ入れ替える。

④上手なチームの動きを取り上げて、攻めや守りのコツを発見させる。

（3）「探究の段階」……3対3のゲームを行う（全面コート）。

⑤習得した技術を活かして、ゲームをする。

⑥作戦会議を開く。ゲームの結果をもとにチームで話し合う。作戦を選んだり立てたりして、試合でその作戦を試す。

⑦作戦を試した後に、成果と課題について振り返りを行う。振り返りをもとに、新たな作戦を選んだり立てたりする。

6　コツ・留意点

（1）攻めの時は、シュートをしやすくしたり、パスをもらいやすくしたりするため、守りより多い人数でゲームをするルールにする。

（2）守備にシュートの邪魔をされないようにゴール近くにケンステップを3つ置き、フリーゾーンとして、得点が入りやすくなるようにする。

7　ICTを活用した授業プラン

（1）「どこでもらえば点数をとることができるか」と問い、動画から友達のよい動きを分析させ、上手に攻めるコツを発見させる。

（2）タブレットで攻め方の見本映像をいくつか見られるようにし、作戦会議では、チームの作戦決めの参考にさせる。

〈作戦例〉ゴール前に1人、はじっこに1人ずつ、三角形作戦、等。

これでバッチリ！レベルアップ学習カード

「バスケットボール（その2）」

年　　　組　　　番（　　　　　　　　　　）

レベル	内容	やり方	振り返り
1	**基本的なボール操作①** **技（わざ）と自己評価（じこひょうか）のポイント** シュート練習（斜めから）。◎→自分が決めた位置からシュートを決めた／○→シュートを決めた／△→シュートをした	ボードに当ててシュートを決める	月　　　日 ・ ・ ・ できばえ ◎ ○ △
2	**基本的なボール操作②** パス練習（鳥かご）。◎→誰もいない所でパスがもらえた／○→パスがもらえた／△→パスがもらえない	相手がいない所でパスをもらう	月　　　日 ・ ・ ・ できばえ ◎ ○ △
3	**基本的なボール操作③** ドリブル鬼ごっこ。◎→鬼がいない所に移動する／○→鬼に取られない／△→鬼に取られてしまう	鬼に取られない所に移動する	月　　　日 ・ ・ ・ できばえ ◎ ○ △
4	**3対0** 3対0タスクゲーム（半面）。◎→パスをもらってシュートを決めた／○→シュートを決めた／△→シュートができない	最短距離でゴールに向かうことができる	月　　　日 ・ ・ ・ できばえ ◎ ○ △
5	**3対1、3対2** 3対1か、3対2のタスクゲーム（半面）。◎→パスをもらってシュートを決めた／○→シュートを決めた／△→シュートができない	敵のいない場所に素早く移動する	月　　　日 ・ ・ ・ できばえ ◎ ○ △
6	**ゲーム（全面）** 3対3のゲーム（全面）。◎→全員がシュートをした／○→1人がシュートをした／△→協力してできた	作戦を選んだり立てたりしてゲームで試す	月　　　日 ・ ・ ・ できばえ ◎ ○ △

●学習カードの使い方：できばえの評価●

レベルの評価：◎よくできた／○できた／△もう少し
※振り返りには、「自分で気づいた点」と「友達が見て気づいてくれた点」の両方を書きます。

129

③ サッカー（その1）

石神喜寛

1 展開

(1)学習のねらい

①基本的なボール操作とボールを持たない時の動きによって、コート内で攻守入り交じって、ボールを蹴ってシュートができる。空いている場所に素早く動いたりしてゲームをすることができる。

②チームや自己の課題を解決するために、互いに協力しながらゲームができる。

(2)学習のねらいを体現する発問・指示・対話的な活動

　主体的な学びの発問・指示→ボールを蹴ってハードルの間に通します。

　対話的な学びの発問・指示→正確にパスするには、足のどこで蹴ればよいですか。

　深い学びの発問・指示→チームが勝つには、どんな作戦を立てたらよいですか。

指示1　ドリブルでハードルの間を通します。ハードル1台につき1点です。

指示2　ボールを蹴ってハードルの間を通します。成功したら次のハードルに進みます。

指示3　2人組になってパス練習をします。

発問1　正確にパスをするには、足のどこで蹴ればよいですか。

　　　　ア）つま先　イ）足の甲　ウ）足の内側

指示4　4対4のゲームをします。

指示5　勝ったチームは○側に、負けたチームは□側に移動します。

対話的な活動1　チームが勝つには、どんな作戦を立てたらよいですか。

指示6　2回戦をします。チームで立てた作戦でゲームをします。

対話的な活動2　得点を多く入れるにはどんな作戦がよいですか。

説明1　得点を入れるためには、相手のいない場所を見つけて、素早く動き、シュートします。

指示7　成果や課題を学習カードに記入します。

2 NG事例

(1)一部の上手な子供だけが活躍する。

(2)ボールに触れる機会が少ない。

(3)技能の個人差が大きく、苦手な子供がゲームに関われない。

❶**指示**　ボールを蹴ってハードルの間を通します。成功したら次のハードルに進みます。

×は❶へ

❷**発問**　正確にパスするには、足のどこで蹴ればよいですか。
評価の観点　足の内側（インサイド）で相手にパスできる。

×は❷へ

❸**発問**　チームが勝つには、どんな作戦を立てたらよいですか。
評価の観点　チームの課題に応じた作戦を選んだり立てたりすることができる。

❹**学習カードで評価する**
□成果の確認をする。
□課題の把握をする。

3 場づくり

準備物／サッカーボール、ハードル、マーカーコーン

（1）「習得の段階」……『個人技能』基本的なボール操作の動きを習得する。

ドリブル練習	シュート練習	パス練習

ドリブルしながらボールをハードルの間に通す。通せたハードルの数を数える。	ハードルの間にボールを通す。成功したら次に遠いハードルに進む。	2人で向かい合ってパスをする。正確にパスができたら徐々に2人の距離を離していく。

（2）「活用の段階」……『個人技能＋集団技能』攻めや守りに必要な動きを身につける。

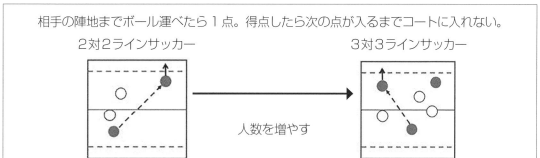

（3）「探究の段階」……『集団技能』集団での攻守入り交じった動きを身につける。

4 協働的な学びをつくる体育的コミュニケーション

　チームで立てた作戦や点を取るための動きの工夫を共有させる活動を設ける。例えば、「守りのいないところに素早く動く」「ボール取ったらサイドから攻める」などの発言が出る。これを全体で共有していく。各チームで出た作戦を共有することで、作戦の選択肢が増え、子供同士で対話的な活動につながっていく。

　試合の前後では、チームで作戦会議の時間を設ける。チームの成果と課題を意識させ、チームの課題を解決する作戦を選んだり立てたりする活動につなげる。このように協働的な学びを通して、課題を克服させていくことでボール運動や仲間作りの楽しさを味わうことができる。

5 方法・手順

（1）「習得の段階」

①ドリブル練習。

ドリブルしながらボールをハードルの間に通す。

②シュート練習。

ハードルの間にボールを通す。成功したら次に遠いハードルに進む。

③パス練習。

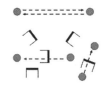

ペアで向かい合ってパスをする。ハードルの間を通してパスをする。

（2）「活用の段階」……2対2、3対3のラインサッカーを行う。

④2対2や3対3のラインサッカーを行う。得点したら次の得点が決まるまでコートの外に出る。人数差をつけることで、得点の機会が増え技能差を補うことにつながる。

⑤上手なチームの動きを取り上げて、点を取るためのコツを発見させる。

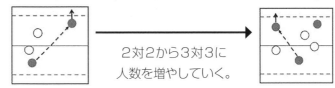

2対2から3対3に
人数を増やしていく。

（3）「探究の段階」……4対4のゲームを行う。

⑥習得した技術を活かして、ゲームをする。点を決めたら得点板の点数を変え、次の点が決まるまでコートの外に出る。

⑦作戦会議を開く。チームでの作戦を話し合う（「3人で攻める」「サイドから攻める」など）。作戦を選んだり、立てたりして、試合でその作戦を試す。

⑧作戦を試した後に、成果と課題について振り返りを行う。振り返りをもとに、新たな作戦を選んだり立てたりする。

6 コツ・留意点

（1）攻撃の時は、シュートやパスをするために敵のいない場所を見つけて、そこに素早く移動する。また、味方が空けたスペースを活かして相手ゴールに近づくようにする。

（2）守備の時は、シュートやパスを防ぐために、ボールを保持している相手とゴールの間に立つようにする。

7 ICTを活用した授業プラン

（1）「点を取るためにはどのような動きをすればよいのか」と問い、「空いているスペースに動く」「敵の背後を取るように動く」など、上手に攻めるためのコツを発見させる。

（2）「スペースのあるサイドから攻める」「ボールを保持している味方のフォローをする」などの作戦を共有し、作戦を決める時の参考にさせる。

（3）ゲームの動きを撮影し、動画からチームや友達のよい動きを分析させる。得点を取れたときの動きやゴールを守ることができた理由を発見させる。

「サッカー（その1）」

年　　組　　番（　　　　　　　　　　）

レベル	内容	やり方	振り返り
1 基本的なボール操作①	技(わざ)と自己評価(じこひょうか)のポイント ドリブル練習。 ◎→両足を使ってボールを運べた ○→走りながらボールを運べた △→ボールを運べた	足の様々なところを使ってドリブルする	月　　日 ・ ・ ・ できばえ ◎ ○ △
2 基本的なボール操作②	シュート（ハードルの間を通す）。 ◎→両足でできた ○→ボールを正確に蹴れた △→ボールの横に軸足を置いて蹴れた	軸足をボールの横に置いてシュートする	月　　日 ・ ・ ・ できばえ ◎ ○ △
3 基本的なボール操作③	パス練習。 ◎→10m離れても正確にパスできた ○→相手に正確にパスできた △→足の内側でパスができた	ペアで向かい合ってパスをする	月　　日 ・ ・ ・ できばえ ◎ ○ △
4 2対2、3対3	ラインサッカー。 ◎→パスをもらって点を決めた ○→空いている場所でパスをもらった △→敵のいない場所に移動した	敵のいない場所に素早く移動する	月　　日 ・ ・ ・ できばえ ◎ ○ △
5 ゲーム（全面）	4対4のゲーム。 ◎→全員がシュートをした ○→全員にパスが渡った △→協力してできた	勝ったチーム 負けたチーム 作戦を選んだり立てたりしてゲームで試す	月　　日 ・ ・ ・ できばえ ◎ ○ △

学習カードの使い方：できばえの評価

レベルの評価： ◎よくできた／○できた／△もう少し
※振り返りには、「自分で気づいた点」と「友達が見て気づいてくれた点」の両方を書きます。

④ サッカー（その2）

三好保雄

1 展開

（1）学習のねらい

①基本的なボール操作とボールを持たない時の動きによって、シュートしたり、空いている場所に素早く動いたりして、攻守入り交じってゲームをすることができる。

②チームや自己の課題を見つけ、場や作戦を選び、互いに対話し協力してゲームができる。

（2）学習のねらいを体現する発問・指示・対話的な活動

主体的な学びの発問・指示→パスを回すためには、受ける人がどこへ動けばよいですか。

対話的な学びの発問・指示→どんな動きをすれば、シュートしやすいですか。

深い学びの発問・指示→勝敗と得点を見て、どんな作戦を立てたら勝てますか。

指示1　4対2のハーフコートゲームです。中に敵が入り、外側の4人が中の敵に取られないようにパスを回しシュートをねらいます。

発問1　パスを回すためには、受ける人がどこへ動けばよいですか。

説明1　ボールを持っている人の両側、敵に取られないところへ動けばよいです（図示か演示）。

対話的な活動1　チームで作戦会議を開きます。

説明2　攻めが3人、敵が1人になるように制限したコート（グリッド）のゲームです。

発問2　どんな動きをすればシュートしやすいですか。

指示2　タブレットを使って試合の様子の動画を撮ってもらいなさい。

説明3　敵がいないところでボールを受けるとよいです。

指示3　動画を見て、作戦を考えなさい。

対話的な活動2　チームで作戦会議を開きます。

説明4　攻めるゴールが2か所あります。両方のゴールをねらいます。

発問3　このコートでは、どこへ動けばシュートしやすいですか。

指示4　動画を見て、作戦を考えなさい。

❶発問　パスを回すためには、受ける人がどこへ動けばよいですか。

評価の観点　ボールを持っている人の両側、敵に取られないところへ動いている。

×は❶へ

❷発問　どんな動きをすればシュートしやすいですか。

評価の観点　敵がいないところでボールを受けている。

×は❷へ

❸発問　このコートでは、どこへ動けばシュートしやすいですか。

評価の観点　チームの課題に応じた作戦を選んだり立てたりすることができる。

❹学習カードで評価する

□成果の確認をする。

□課題の把握をする。

2 NG事例

（1）一部の上手な男子だけが活躍する。

（2）プレーヤーの人数が多過ぎてボールに触れる機会の少ない子供が出てくる。

（3）作戦の立て方が分からないチームに、場や作戦例を紹介せず、全て任せてしまう。

3 場づくり

準備物／サッカーボール、カラーコーン、ビブス（４人グループで行う）

（１）「習得の段階」……ゲームをみんなが楽しめるように基本的なボール操作の学習。

| ①ボールタッチ（足の裏・内側・外側）②２人でボールの取り合い③インサイドキック | ④４対０ゲーム⑤３対１ゲーム | ・守備なしでコーンの両側からシュート。・グループの１人が守り役になり、両側からシュート。 |

◀ボールの取り合い

▲３対１ゲーム

▲インサイドキック

（２）「活用の段階」……習得した基本的なボール操作をもとにしたタスクゲーム。

〈４対２ハーフコートゲーム〉

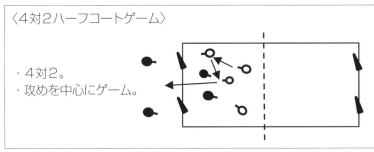

・４対２。
・攻めを中心にゲーム。

・守備チームの２人は、外で待ち交代する。

・図の右側、残りコートでは、同様に他チームが行う。

（３）「探究の段階」……今までの学習を活かして攻守入り交じりのタスクゲーム。

４対４タスクゲーム：作戦を選んだり、立てたりしてゲームで試す。

〈みんな名人ゲーム（４対４移動制限グリッド）〉

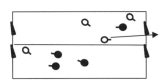

・グリッドの中だけで移動する。
・３対１。
・守りより攻めの人数が多いので攻めやすい。

〈２ゴール攻撃ゲーム（４対４）〉

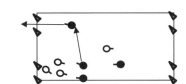

・２つのゴールをねらう。

4 協働的な学びをつくる体育的コミュニケーション

　探究の段階では、コートを中央ラインで分け攻撃側のグリッドには３人、守備側のグリッドには１人の子供が入るコートや攻撃側ゴールが２か所あるコートでタスクゲームを行う。「勝つための作戦をチームで考えよう」と作戦タイムを設定する。

　発問「どんな動きをすればシュートをしやすいですか」で、守備の少ないコートにボールを集めたり、守備を片方のゴールに引き付けたりしてシュートしやすくする作戦やメンバーの得意なプレーを活かすために、選手の位置や走り込む場所を決めたりする作戦を考えるようになる。

　実際にゲームで試し、タブレットで動画を繰り返し確認し、学びを深めていく。

5 方法・手順

（1）「習得の段階」……〈基本的ボール操作〉『４対０ゲーム、３対１ゲーム』

　①ボールタッチ。　　②2人でボールの取り合い。

　　（足の裏・内側・外側）　　　　　　　相手とボールの間に自分の体を

　　　　　　　　　　　　　　　　　　　入れて取られないようにする。

　③インサイドキック：両足の膝を柔らかく少し曲げ、軸足のつま先
　　を蹴る方向に向ける。蹴り足を軸足から90度に開き、つま先を上げ、
　　くるぶしの下をボールの中心に当てて押し出すように蹴る。

　④４対０ゲーム。

　⑤３対１ゲーム：３対１ゲームでは、守り役が入ることで、シュート
　　を打ちやすい味方にパスする動きを引き出す。

　　　　　　　　　　　　　　　　　　　　　　　　　▲３対１ゲーム

（2）「活用の段階」……『４対２ハーフコートタスクゲーム』

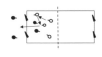攻守入り交じるゲームをする前に、攻撃と守備を分けて考えるハーフコートゲー
ムを行う。攻撃４人、守備２人。守備チームは、ボールを取ったら、攻撃チー
ムに返し、点線から攻撃を始める。守備チームの残り２人は外で待ち、交代する。

（3）「探究の段階」……『４対４タスクゲーム』

〈みんな名人ゲーム（４対４移動制限グリッド）〉　　〈２ゴール攻撃ゲーム（４対４）〉

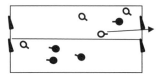　　　　　　　　　　　　　　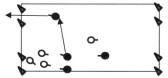

選手は、グリッドの中だけで移動する。　　　敵のいない場所に素早くパスする。
守りより攻めの人数が多いので攻めやすい。　２つのゴールをねらうので、一方に敵を引き
敵のいない場所に素早く移動する。　　　　　付けて、逆をねらう作戦を引き出す。

6 コツ・留意点

（1）インサイドキックは、蹴り方を教える。

（2）攻撃の時は、シュートをしやすくしたり、パスをもらいやすくしたりするため、敵のいな
　　い場所を見つけて、そこに素早く移動する。

（3）守備の時は、シュートを打ちにくくするため、敵とゴールの間に立つようにする。

（4）得点を取るため、取られないための作戦を立てる。

7 ＩＣＴを活用した授業プラン

（1）子供のタブレットに手本となる攻撃の動きを示す動画を配信する。

（2）守備を片側に引き付け、シュートしやすくする作戦や攻撃法などをチームで選んだり、選
　　手の位置を話し合ったりする。※教師は、子供が選べる作戦例や攻撃法などを示す。

（3）作戦をもとに練習する。

（4）自分たちのチームのゲームでの動きを撮影してもらい、手本となる攻撃の動きと比較する。

（5）比較して分かったことや自分たちの立てた作戦を修正してゲームを行う。

サッカー（その2）「みんなでうまくなるサッカー」

年　　組　　番（　　　　　　　　　　）

レベル	内容	やり方	振り返り
1 基本的なボール操作 **技と自己評価のポイント** ①ボールタッチ（足の裏・内側・外側）　②2人でボールの取り合い ③インサイドキック練習 ◎→よくできた／○→できた／△→もう少し		②取り合い　　③インサイドキック	月　　日 ・ ・ ・ できばえ ◎ ○ △
2 4対0、3対1ゲーム ①4対0：守りなし ②3対1：チーム内で守り1人 ◎→5点以上入った ○→3点入った △→1点以下		①4対0　　　②3対1 シュートを決める	月　　日 ・ ・ ・ できばえ ◎ ○ △
3 ハーフコートゲーム 4対2（攻めを中心に）、守りチーム2人は外で待ち交代する。 ◎→5点以上入った ○→3点入った △→1点以下		パスを回してシュートを決める	月　　日 ・ ・ ・ できばえ ◎ ○ △
4 みんな名人ゲーム 4対4（グリッド内3対1）、隣のグリッドへは移動できない。 ◎→5点以上入った ○→3点入った △→1点以下		フリーな仲間にボールを集める	月　　日 ・ ・ ・ できばえ ◎ ○ △
5 2ゴール攻撃ゲーム 4対4（攻めるゴール2つ）、シュートを打ちやすい方をねらう。 ◎→5点以上入った ○→3点入った △→1点以下		フリーな仲間にパスしてシュート	月　　日 ・ ・ ・ できばえ ◎ ○ △

学習カードの使い方：できばえの評価

レベルの評価： ◎よくできた／○できた／△もう少し

※振り返りには、「自分で気づいた点」と「友達が見て気づいてくれた点」の両方を書きます。

⑤ ハンドボール（その1）

柏倉崇志

1 展開

（1）学習のねらい

　①投げる、受けるといったボール操作ができる。

　②ボールを受ける場所に動くことができる。

　③攻撃側にとって易しい状況の中でチームの作戦を考えることができる。

（2）学習のねらいを体現する発問・指示・対話的な活動

　主体的な学びの発問・指示→ゴールエリアにきたサイドマンにパスを通します。

　対話的な学びの発問・指示→パスを通すにはどんな方法が考えられますか。

　深い学びの発問・指示→チームが勝つために、どんな作戦が考えられますか。

指示1　ゴールエリアにきたサイドマンにパスを通します。

　　　　パスが通ると得点です。

指示2　4人1組でパス練習をします。

　　　　パスをしたら向こうの列の後ろにつきなさい。

指示3　パス＆ゴーをします。サイドマンはゴールエリアに走りなさい。フロアマンはゴールエリアのサイドマンにパスを通しなさい。

指示4　4対2のパスキャッチゲームをします。攻撃側が得点するか、守備側が得点を防いだら守備側のメンバーは交代です。

発問1　パスを通すにはどんな方法が考えられますか。

対話的な活動1　チームでパスを通す方法を考えます。

指示5　4対4のキャッチハンドボールゲームをします。

発問2　チームが勝つために、どんな作戦が考えられますか。

対話的な活動2　チームで作戦を考えます。

指示6　成果や課題を学習カードに記入します。

2 NG事例

（1）パスの仕方、ボールの捕り方を指導していない。

（2）固いボールを使用している。

（3）一部の上手な子供だけが活躍する。

（4）作戦の選択肢を紹介しない。

❶指示　ゴールエリアに来たサイドマンにパスを通します。パスが通ると得点です。

❷発問　パスを通すにはどんな方法が考えられますか。

評価の観点　パスの仕方、パスの受け方を考え、工夫することができる。

×は❷へ

❸発問　チームが勝つために、どんな作戦が考えられますか。

評価の観点　チームの課題に応じた作戦を選んだり立てたりすることができる。

❹学習カードで評価する

□成果の確認をする。

□課題の把握をする。

3　場づくり

準備物／柔らかいボール、三角コーン、ビブス、得点板

（1）「習得の段階」……『個人技能』ボール操作。

　①1人…「投げ上げキャッチ」「壁当て」「1人ピボット」

　②2人…「キャッチボール」「ピボットゲーム」「移動しながらのパス」

　③4人…「パス＆ラン」

（2）「活用の段階」……『個人技能＋集団技能』ボールを持たない時の動き。

　①パス＆ゴー（ハーフコート）

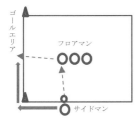

得点するための動きを覚えさせる。

　②パスキャッチゲーム4対2（ハーフコート）

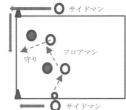

前半と後半で攻守を交代する。

（3）「探究の段階」……『集団技能』攻守入り交じった簡易化されたゲーム。

　①キャッチハンドボールゲーム（オールコート）

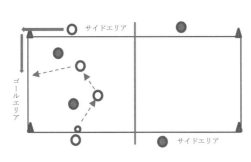
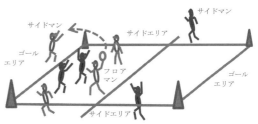

フロアマンは、相手のコートと自分のコートを自由に動ける。
サイドマンは、相手側のゴールエリアと相手側のサイドエリアのみ動ける。
ゲームでは、攻撃側の人数が守備側の人数を常に上回る状態になる。

4　協働的な学びをつくる体育的コミュニケーション

　このゲームは、ボールを持ったら移動することはできない。よって「パスを通すこと」「パスをもらう位置へ動くこと」が、そのまま得点につながっていく。そこで「パスを通す方法」をできるだけ多く考えさせる。パスの出し方、パスの受け方、そして、守備との関係、様々な視点から考えることができる。どの視点からでもよい。たくさんのアイデアを出させる。

　次に、チームが勝つための作戦を考えさせる。どのチームも考えを持てるよう、教師側からも「例えばこのような方法」というように「例」を示すようにする。

　〈例〉「サイドマンが止まらないで動き回る作戦」「パスをしたらすぐに動く作戦」「立ち止まらずに常に動く作戦」など。

5　方法・手順

（1）「習得の段階」

①パスの方法……動いている相手には、相手の少し前に投げる。

②キャッチの方法……手を出して「ハイ！」と呼ぶ。腹で抱えず手で捕る。

③ピボットの方法……軸足ではない方の足を動かす。ボールを相手から遠ざける。

（2）「活用の段階」

④パス＆ゴー（ハーフコート）。

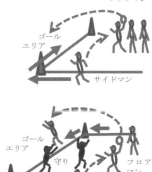

・サイドマンからフロアマンにパス。フロアマンはゴールエリアに走り込んだサイドマンにパス。これを繰り返す。

⑤パスキャッチゲーム4対2（ハーフコート）。

・サイドマンのパスでゲームがスタート。ドリブルは禁止。

・フロアマンとサイドマンで協力してパスを回し、ゴールエリアに走り込んだサイドマンにパスが通ると得点。

・守りはボール保持者の体とそのボールを触ってはいけない。パスカットはOK。コートに落ちたボールを拾うこともOK。

・得点が入ったり守りがボールを捕ったり、壁にボールが当たったらワンプレーが終了。

（3）「探究の段階」……キャッチハンドボール4対4（オールコート）。

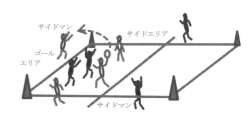

・サイドマンは、相手コートのサイドエリアとゴールエリアのみを動くことができる。

・フロアマンは、相手コートと自分のコートの両方を動くことができる。

・得点が入ったり壁にボールが当たったりすると相手側のフロアマンが自陣から攻撃を始める。

6　コツ・留意点

（1）パスは動いている味方の少し前に出す。パスをしたら動く。動きながら「ハイ！」と声をかけてパスを要求する。パスを手で受ける。

（2）守備の時は、シュートを打たせないよう相手とゴールエリアの間に立ち、手を広げる。

7　ICTを活用した授業プラン

（1）ハンドボール選手の映像や上手な子供の映像を見せ、「パスを通すためのコツ」を発見させる。どのようにパスを出しているか、どのようにパスを受けているか、どのように動いているか、様々な視点から考えさせる。

（2）ゲームの動きを撮影して分析させる。どのような時に得点につながっているかを発見させる。あるいは、教師側から得点につながる動きを提示する。それを次のゲームの作戦の参考にさせる。

ハンドボール（その1）「キャッチハンドボール」

年　　　組　　　番（　　　　　　　　　　　　）

レベル	内容	やり方	振り返り
1	基本的なボール操作① 技（わざ）と自己評価（じこひょうか）のポイント パスを受ける。 ◎→10回連続落とさずにできた ○→5回連続落とさずにできた △→5回連続落とさずにできなかった	①手を出して構える　②「ハイ」と声を出し、手でキャッチする　③腹に抱えない	月　　　日 ・ ・ ・ できばえ ◎ ○ △
2	基本的なボール操作② パスを出す。 ◎→10回連続パスを通せた ○→5回連続パスを通せた △→5回連続パスを通せなかった	動いている味方の少し前にパスする	月　　　日 ・ ・ ・ できばえ ◎ ○ △
3	パス＆ゴー サイドマンとフロアマンの動き。 ◎→動きを覚えてスムーズに動けた ○→考えながら動けた △→動きがよくわからなかった	①サイドマンはゴールエリアに走り込んでパスを受ける　②フロアマンは走り込んできたサイドマンにパスを出す	月　　　日 ・ ・ ・ できばえ ◎ ○ △
4	パスキャッチゲーム 4対2のゲーム（ハーフコート）。 ◎→2人以上が得点した ○→1人が得点した △→得点できなかった	敵のいない場所に素早く移動し、パスを出したりパスを受けたりする	月　　　日 ・ ・ ・ できばえ ◎ ○ △
5	キャッチハンドボール 4対4のゲーム（オールコート）。 ◎→2人以上が得点した ○→1人が得点した △→得点できなかった	作戦を選んだり立てたりしてゲームをする	月　　　日 ・ ・ ・ できばえ ◎ ○ △

●学習カードの使い方：できばえの評価●

レベルの評価： ◎よくできた／○できた／△もう少し

※振り返りには、「自分で気づいた点」と「友達が見て気づいてくれた点」の両方を書きます。

⑥ハンドボール（その2）

辻 拓也

1 展開

（1）学習のねらい

①ボール操作とボールを持たない動きによって、コート内で攻守が入り交じり、守備に取られないようにパスをしたり、得点しやすい場所に移動してシュートしたりしてゲームをすることができる。

②自己やチームの特徴に応じた作戦を選んでゲームができる。

（2）学習のねらいを体現する発問・指示・対話的な活動

主体的な学びの発問・指示→得点するためには、どこに移動すればよいですか。

対話的な学びの発問・指示→得点するために、チームでどんな作戦を立てたらよいですか。

深い学びの発問・指示→試合結果からチームの特徴を見つけ、作戦を立てなさい。

指示1 2人1組になって、パス練習をします。先生の指示する投げ方でパスを出し合いなさい。

指示2 シュート練習をします。コーンに当たったら、次のコースへ進み、外れたら戻ります。

指示3 3対2のシュートゲームをします。できるだけたくさん得点を入れなさい。

発問1 得点をするためには、どこに移動すればよいですか。

指示4 4対4で、ゲームをします。

発問2 得点するために、チームでどんな作戦を立てたらよいですか。

対話的な活動1 チームで相談しなさい。

指示5 ゲームをします。作戦を試しなさい。

発問3 結果を見て、自分やチームには、どんな特徴がありますか。

対話的な活動2 試合結果からチームの特徴を見つけ、作戦を立てなさい。

指示6 成果や課題を学習カードに記入します。

2 NG事例

（1）一部の上手な子供だけがボールを長く持つ。

（2）身体接触が生じる場面が生まれる。

（3）作戦が思いつかないチームに例示しない。

❶指示 パス練習をします。シュート練習をします。

❷発問 得点するためには、どこに移動すればよいですか。

評価の観点 得点しやすい場所を見つけて、移動している。

×は❷へ

❸発問 得点するために、チームでどんな作戦を立てたらよいですか。

評価の観点 考えた作戦をチームで伝え合い、試している。

×は❸へ

❹発問 試合結果からチームの特徴を見つけ、作戦を立てなさい。

評価の観点 自己やチームの特徴に応じた作戦を伝え合う。

❺学習カードで評価する

☐成果の確認をする。

☐課題の把握をする。

3 場づくり

準備物／スポンジハンドボール（1号）、カラーコーン、ビブス

（1）「習得の段階」……『個人技能』基本的なボール操作（投げる・捕る）を習得する。

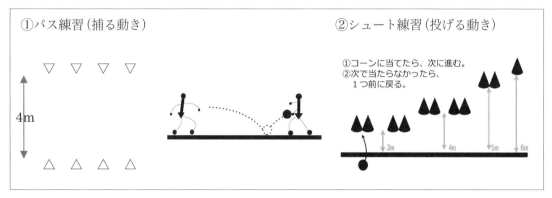

①パス練習（捕る動き）　　　②シュート練習（投げる動き）

①コーンに当てたら、次に進む。
②次で当たらなかったら、
　1つ前に戻る。

4m

3m　4m　5m　6m

（2）「活用の段階」……『個人技能＋集団技能』ボールを持たない動きを身につける。

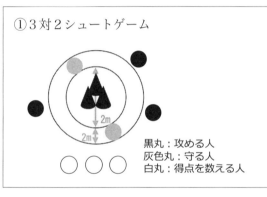

①3対2シュートゲーム

2m
2m

黒丸：攻める人
灰色丸：守る人
白丸：得点を数える人

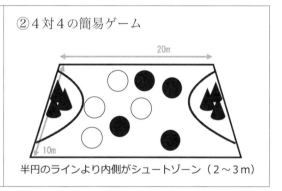

②4対4の簡易ゲーム

20m

10m

半円のラインより内側がシュートゾーン（2〜3m）

（3）「探究の段階」……『個人技能＋集団技能』攻防が入り交じる中、作戦を選んでゲームする。

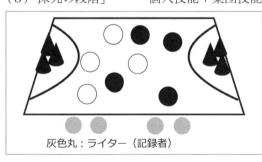

灰色丸：ライター（記録者）

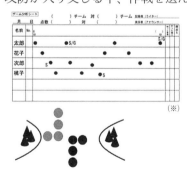

▲ゲーム分析
シート

4 協働的な学びをつくる体育的コミュニケーション

　ボールを持たない動きに加えて、指示や意思表示の「声」と「ジェスチャー」を教える。

　活動中に「こっち！」「あっち！」と声をかけている場面があったら、全員を集め、プレーを再現させ、よかったことを発見させる。ボールが欲しい時に手を挙げたり、目線を送ったりする行為も取り上げて、教える。また、技能差を埋めるため「ドリブルをしたらシュートができない」「全員が得点したチームが勝ち」等ルールを設け、役割を分担する作戦を子供から出させる。

（※）このゲーム分析シートは右のQRコードから閲覧・ダウンロードが可能です。

1 低学年 ゲーム・鬼遊び

2 中学年 ゲーム

3 高学年 ボール運動

5 方法・手順

（1）「習得の段階」……『個人技能』基本的なボール操作（投げる・捕る）を習得する。

　①パス練習……2人1組で4mの距離で向かい合い、様々な方法でボールを投げ合う。

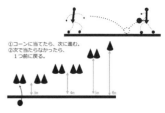

　②シュート練習……基準線からボールを投げる。3m先のコーンに命中したら、次のコース（4m）へ進む。命中したら、次のコース（5m）へ進み、命中しなかったら、前のコース（3m）に戻る。

（2）「活用の段階」……『個人技能＋集団技能』ボールを持たない動きを身につける。

　③3対2で、シュートゲームを行う。攻める人はビブスを着る。得点したら、ビブスを裏返す。ゲームが終わった後、難しかったこと、困ったことを発表させ、どのような工夫をするとよいか、作戦会議を行わせる。

　④4対4で、ゲームを行う。シュートゾーンからコーンの間には、守る側だけが入れる。ゲームが終わった後、得点を取るための作戦会議を行わせる。「短いパスをつないで攻めよう」と攻撃の時のボールの動かし方を決めたり「相手の選手1人に1人ずつ担当を決めて守ろう」と守り方を決めたりする。

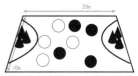

（3）「探究の段階」……『個人技能＋集団技能』攻防が入り交じる中、作戦を選んでゲームする。

　⑤記録を取らせる。　　　⑥記録を分析させる。　　　⑦練習し、作戦を選ぶ。

灰色丸：ライター（記録者）

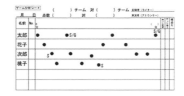

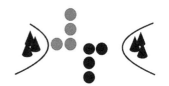

6 コツ・留意点

（1）キャッチが苦手な子供には、ボールをビブスに変えて、手でキャッチさせる。次にボールにして「手のひらに当てて下に落としなさい」と指示する。

（2）コントロールが苦手な子供には「ボールを持たない手でコーンを指さしなさい」と指示する。

（3）作戦が立てられない場合は、お手本を示し「ミラープレー（真似）しなさい」と指示する。

7 ICTを活用した授業プラン

（1）動きを動画で撮影させた後、得点する直前の場面でポーズをかけて「誰がどこにいますか」と問い、位置に着目させる。さらに少し前の場面でポーズさせ「誰がどこにいますか」と問い、位置の移動経路に着目させる。次に「いつ移動しましたか？」と問い時間に着目させる。

（2）上手なプレーを2つ画面上に並べ、「共通点はどこですか」と問い、比較・検討させる。「守りがいないところに動いている」「ボールを回すのが速い」「ボールをもらいたい時に声を出している」など、空間移動、ボール操作、コミュニケーション等の共通点に気づかせる。

「ハンドボール（その2）」

年　　組　　番（　　　　　　　　　）

レベル	内容	やり方	振り返り
1	**基本的なボール操作①** 技(わざ)と自己評価(じこひょうか)のポイント パス練習。 ◎→捕った後、投げやすい位置で捕れた ○→捕りやすい位置に動いた △→ボールを捕ることができた	ボールに対して正面に体を動かす	月　　　日 ・ ・ ・ できばえ ◎ ○ △
2	**基本的なボール操作②** シュート練習。 ◎→5m先のコーンに当てた ○→4m先のコーンに当てた △→3m先のコーンに当てた	①コーンに当てたら、次に進む。 ②次で当たらなかったら、1つ前に戻る。 3m 4m 5m 6m 打つ時は体を地面に垂直にして、体重移動	月　　　日 ・ ・ ・ できばえ ◎ ○ △
3	**3対2のゲーム** シュートゲーム。 ◎→得点を決めた ○→シュートができた △→敵のいない場所に移動できた	2m 2m 相手のいない場所からボールを投げる	月　　　日 ・ ・ ・ できばえ ◎ ○ △
4	**4対4のゲーム①** ◎→得点を決めた ○→シュートしたり、パスしたりできた △→敵のいない場所に移動した	20m / 10m 半円のラインより内側がシュートゾーン（2〜3m） 作戦を決めて、ゲームする	月　　　日 ・ ・ ・ できばえ ◎ ○ △
5	**4対4のゲーム②** ゲームを記録し、分析する。 ◎→チームのよさを発見できた ○→記録をつけることができた △→記録を協力してできた	役割を決めて協力してゲームの記録をつける	月　　　日 ・ ・ ・ できばえ ◎ ○ △

学習カードの使い方：できばえの評価

レベルの評価： ◎よくできた／○できた／△もう少し
※振り返りには、「自分で気づいた点」と「友達が見て気づいてくれた点」の両方を書きます。

⑦ タグラグビー（その１）

小笠原康晃

1 展開

（１）学習のねらい

①味方や敵の位置を確認しながら、パスとランを切り替えた攻撃のゲームができる。

②チームの特徴に応じた作戦を選び、自分の役割を考え、ゲームができる。

（２）学習のねらいを体現する発問・指示・対話的な活動

主体的な学びの発問・指示→敵を避けて進むためには、どうしたらよいですか。

対話的な学びの発問・指示→パスが上手にできません。どんな作戦がよいですか。

深い学びの発問・指示→攻撃・守備ではどんな作戦を立てたら勝てますか。

指示1 「オノタケ式ボールゲーム」をします。ボールを持った人がゴールゾーンに入ったら、1点です。

説明1 パスを取り損ねると攻守交代です。パスカットされたり、ボール保持者がタグを取られたりしても交代です。サイドラインから出て、交代です。

説明2 タグを取った人は、大きな声で「タグ」と言い、取ったタグを上に挙げます。ボールを持っていない人のタグは取ることができません。

指示2 1回戦を始めます。得点が入ったら、得点を入れた人が、得点板をめくります。

説明3 1回戦の結果を発表します。

対話的な活動1 タグを取られずに攻撃するには、どうしたらよいですか。

説明4 敵の位置を常に確認して、攻撃します。

指示3 2回戦を始めます。

対話的な活動2 どうすればパスをつないで攻撃できますか。

説明5 パスをする味方がいる位置を見つけてパスを受けます。

2 NG事例

（１）一部の男子のみが活躍する。

（２）チームメイトにパスをほとんどしない。

（３）女子が得点できない。

❶**説明** ボール保持者がゴールゾーンに入ると1点です。

↓

❷**説明** ボール保持者がタグを取られたら攻守交代です。

↓

❸**発問** タグを取られず攻撃するには、どうしたらよいですか。

評価の観点 守備がいない場所を見つけて、移動しているか。

↓

❹**発問** どうすればパスをつないで攻撃できますか。

評価の観点 敵の位置を確認して、パスがもらいやすい場所へ動く。

×は❸へ

↓

❺**学習カードで評価する**

□成果の確認をする。

□課題の把握をする。

3 場づくり

準備物／タグベルト、タグ、タグラグビーボール、ビブス、ミニコーン、ケンステップ

（1）「習得の段階」……『個人技能』グループで基本的な動きを習得する。ルールの確認をする。

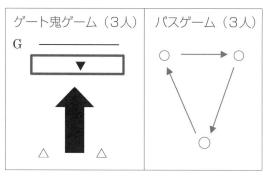

ゲート鬼ゲーム（3人）　パスゲーム（3人）

①ゲート鬼ゲーム

鬼はライン上でタグを取る。鬼を避けてゴールする。

②パスゲーム

複数人で横パスをする。直線や円状になってもよい。

（2）「活用の段階」……『個人技能＋集団技能』動きながらパスをするコツを見つける。

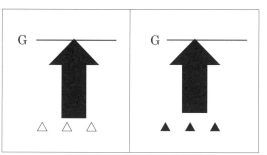

③ボール競争

チームごと、横パスをしながら前に進み、ゴールに向かう。先に着いたほうが勝ち。全員1回パスをすることが条件。ミスしたら、そこからやり直し。

（3）「探究の段階」……『集団技能』チームでの動きを獲得する。

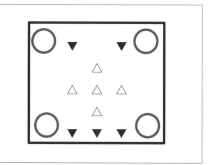

④ターゲットボール（オノタケ式ボールゲーム：5対5）

ミニバスケットボールのコート程度の広さで行う。ケンステップを使って、ゴール場所を4箇所設置する。

ゲームは、中央からのパスで開始。ボール所持の状態でゴール場所に入れば1点。パスカットやパスミスしたり、ボール保持の状態でタグを取られたりしたら攻守交代。

4 協働的な学びをつくる体育的コミュニケーション

　タグラグビーは、前方へのパスの禁止などルールが複雑な点がある。「オノタケ式ボールゲーム」は、そのような複雑さがない。タグラグビーの面白さを追求したゲームである。パスをする楽しさやトライをする嬉しさを、どの子供も感じられるようなルールになっている。「どうすれば、パスを取られずにトライできるかな」と投げかけることで、味方や敵の位置を意識しながら、チームとしての動きを考える作戦につながる。

「おとり作戦」という、ボールを持った子供が敵を引きつけ、空いた所にパスをする作戦案が出て、実行していった。また、「パス作戦」という、ある子供が常に敵のいない所を見つけ待機し、パスをもらったらすぐにゴールに向かって走るという作戦もあった。

1 低学年　ゲーム・鬼遊び

2 中学年　ゲーム

3 高学年　ボール運動

5 方法・手順

（1）「習得の段階」……ゲート鬼ゲームやパスゲームを行い、基本的な動きを習得する。

①ゲート鬼ゲーム。　　　　　②パスゲーム。　　　　　③パスラン・ゲート鬼ゲーム。

鬼を通り抜けてゴールする。　少人数でパス練習をする。　パスとランで鬼を避ける。

（2）「活用の段階」……ボール競争を行い、動きながらパスをすることに慣れていく。

④ボール競争（パス回しラン）。

チームで一列になり、パスをしながらゴールを目指す。

⑤1人2回必ずパスすることを条件とする。

⑥他のチームと競争する。先にゴールした方が勝ち。

（3）「探究の段階」……味方と敵が入り交じる中で、パスやランを使い、トライを目指す。

⑦ターゲットボール（オノタケ式ボールゲーム）。

5対5のゲームを行う。ミニバスケットコート程度の大きさのコートを使う。4箇所にケンステップのゴールを設置する（図は前ページ参照）。

【開始】ゲーム開始時や攻守交代時は、5人が真ん中からスタート。いきなりランも可能。

【攻撃】パスやランを使い、ゴールを目指す。ボールを保持した状態でゴールに入ると得点になる。

【守備】相手のパスを防ぐ。ボール保持者のタグを取る。

【交代】攻撃側のパスミスやボール保持者がラインの外へ出ること。守備側のパスカットやボール保持者のタグ取りの成功。

6 コツ・留意点

（1）攻撃の時には、相手のいない場所をねらって、そこへ進んでいく。パスをする時にも、味方や敵の位置を確認し、ゴールにつながるようなパスをする。

（2）守備の時には、ボールよりも相手の動きや相手のタグを見て行動する。また、相手の位置を確認し、パスコースを防いだり、パスカットをしたりする。

7 ICTを活用した授業プラン

（1）情報端末のホワイトボード機能を使い、自分たちや相手のチームの動きを記録し、自分たちの成長が見られるようにする。作戦の時には、敵チームの動きを想定して、自分たちの動きを確認する。

（2）自分やチームの動きを動画で記録して、作戦通りできているか動画を見ながら振り返る。また、友達の動きを撮影し、よい動きや目指す動きを確認する。そのことを、個人の動きやチームの作戦に活かしていく。

（参考資料）小野澤宏時、下嶽進一郎、甲谷洋祐著『子どもが自ら動きだす！オノタケ式BG（ボールゲーム）指導ガイド［ラグビー新指導プログラム］（B.B.MOOK1417）』ベースボール・マガジン社、2018年

タグラグビー（その1）「オノタケ式ボールゲーム」

年　　　組　　　番（　　　　　　　　　　　）

レベル	内容	やり方	振り返り
1 ゲート鬼ゲーム **技**と**自己評価**の**ポイント** タグ取り、パスをする。 ◎→3回タグ取りができた ○→1回タグ取りができた △→1回パスができた		相手の動きをよく見てタグをねらう	月　　　日 ・ ・ ・ できばえ ◎ ○ △
2 パスゲーム チームでパスをする。(1分) ◎→全員パスが3回できた ○→全員パスが1回できた △→パスができた		パスをもらう時はボールを見る	月　　　日 ・ ・ ・ できばえ ◎ ○ △
3 ボール運び パスしながら移動するゲーム。 ◎→1回もミスしなかった ○→1〜3回だけミスをした △→4回以上ミスをした		歩くことを考え、少し前にパスする	月　　　日 ・ ・ ・ できばえ ◎ ○ △
4 ボール競争 敵チームと競争する。 ◎→1回もミスしなかった ○→1〜2回だけミスをした △→3回以上ミスをした		胸のあたりの高さで少し前にパスする	月　　　日 ・ ・ ・ できばえ ◎ ○ △
5 ターゲットゲーム ゲームを行う。 ◎→1回以上トライできた ○→1回以上パスをできた △→協力してできた		仲間の位置を意識してパスする	月　　　日 ・ ・ ・ できばえ ◎ ○ △

→● 学習カードの使い方：できばえの評価 ●←

レベルの評価：◎よくできた／○できた／△もう少し
※振り返りには、「自分で気づいた点」と「友達が見て気づいてくれた点」の両方を書きます。

⑧ タグラグビー（その2）

本吉伸行

1 展開

(1)学習のねらい

①チーム内で攻防の役割を分担し、それぞれの役割を果たしてゲームができる。

②チームや自己の課題を設定して、互いに協力して、ゲームができる。

(2)学習のねらいを体現する発問・指示・対話的な活動

主体的な学びの発問・指示→トライをすると1点です。タグを取っても1点です。たくさん点を取るにはどうしたらよいですか。

対話的な学びの発問・指示→チームが勝つには、どんな作戦を立てたらよいですか。

深い学びの発問・指示→勝敗と得点を見て、どんな作戦を立てたら勝てますか。

指示1 手つなぎタグ取りをします。タグを取ったらタグと言います。握手をします。攻めはタグを取ります。守りは頭を守ります。

指示2 ジャンケンタグ取りをします。手を伸ばした長さ分、離れます。ジャンケンをして、勝ちはタグを取ります。負けたら、後ろに逃げます。

指示3 3対2のチーム内ミニゲームをします。

説明1 パスは横か後ろにしかできません。タグを取られたら、その場で止まります。 タグを取られた時しか、パスはできません。

発問1 パスをつなげるには、どうすればよいですか。

対話的な活動1 パスをもらうために、どこにいればよいですか。

説明2 5対5のゲームをします。タグを取ったら1点、トライしたら3点です。

対話的な活動2 チームで作戦会議を開きます。どのようにしたら、点がたくさん取れるか話し合います。

指示4 2回戦を行います。
考えた作戦を試します。

❶**指示** 手つなぎタグ取りをします。ジャンケンタグ取りをします。

×は❶へ

↓

❷**発問** パスをつなげるには、どうしたらよいですか。

評価の観点 パスを受けるためには、どこにいればよいかを考え、伝え合っている。

×は❷へ

↓

❸**発問** チームが勝つにはどんな作戦がよいですか。

評価の観点 攻撃側としての作戦と守備側としての作戦を考え、話し合うと共に、試している。

↓

❹**学習カードで評価する**
□成果の確認をする。
□課題の把握をする。

2 NG事例

(1)一部の上手な子供だけが活躍する。

(2)タグを取られた際に、後ろではなく、前にパスしてしまう。

(3)ディフェンスがボールに密集している。

3 場づくり

準備物／タグラグビー用のボール、タグ、ビブス

（1）「習得の段階」……『個人技能』身のかわし方、タグの取り方を習得する。

【手つなぎタグ取り】

手をつなぎ、攻守を決めてタグを取り合う。

【ジャンケンタグ取り】

ジャンケンをし、勝ったらタグを取る。負けたら逃げる。

（2）「活用の段階」……『集団技能』パスの仕方、パスのもらい方を習得する。

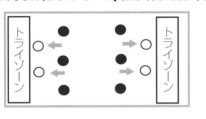
【チーム内で3対2のミニゲーム】（黒が攻め、白が守り）

タグを取られた時だけパスをする。パスは後ろか横にしかできない。チーム内で、3対2に分かれて行う。

（3）「探究の段階」……『集団技能』集団で決めた作戦にそった動きを獲得する。

【5対5の試合】

攻守交替で、3分ずつ行う。タグを取ったら1点、トライしたら3点。

4 協働的な学びをつくる体育的コミュニケーション

　どのようにすれば、点がたくさん取れるか話し合う。点を取るには、攻撃の場合はトライ。守備の場合は、タグを取ればよい。攻撃側の作戦としては、ボールを持っている人の後ろにいるようにする作戦（こばんざめ作戦）や、ボールを誰が持っているか分からないようにする作戦（かくし作戦）などが子供たちから出た。守備側の作戦としてはボールを持っていない人の近くにいて、相手がボールを持ったらすぐにタグを取る作戦（タグ待ち作戦）などが出された。

　ただ、これらの作戦は、実際にプレイするとうまく行かないことが多い。その際、どこがうまく行かなかった原因なのかをタブレットで撮影し、話し合うとより深いコミュニケーションができる。

5 方法・手順

（1）「習得の段階」……2人組で基本的な動きの習得、タグ取りゲーム2種。

　①手つなぎタグ取り。

　　2人組で攻めと守りを決める。向かい合って握手。守る人
　　はもう片方の手で額をガードする。攻めの人は守りの人の
　　タグを取りに行く。

　②ジャンケンタグ取り。

　　2人組で向かい合う。握手ができる距離。ジャンケンをし
　　て勝った方がタグを取る。負けた方はタグを取られる前に、
　　逃げる。

（2）「活用の段階」……チーム内で3対2のタスクゲーム。

　③攻めはタグを取られるまでパス禁止。パスは後ろ真横のみ。

　④トライしたら3点。守りはタグを取ったら1点。

　⑤ボールを持っている人からしかタグは取れない。

（3）「探究の段階」……5対5の試合。

　⑥最初は上記（2）のミニゲームと同じルールとする。

　⑦攻守は3分間で交代する。攻めはタグを取られるま
　　でパスできない。

　⑧トライは3点。守りはタグを取ったら1点。

　※慣れれば「攻守混合」「タグを取られる前にパスを
　　しても良い」というようにルールを改善していく。
　　もっと慣れれば「ノックオン」「スローフォワード」
　　を追加する。

6 コツ・留意点

（1）タグ取りゲームは、しっかりと「タグ！」と声を出すことを徹底する。

（2）3対2のタスクゲームでは、ボールを持ったら前に進む。タグを取られたら、後ろを向いて、
　　パスをすることを徹底する。

（3）ミニゲーム、試合ともにタグを取ることで、得点が入る。ボールを持っている子供からタ
　　グをしっかりと取りに行くように声をかける。

7 ICTを活用した授業プラン

（1）タグ取りゲームで攻めが上手な子供を撮影し、体を左右に動かしてフェイントをかけたり、
　　体をひねって鬼を避けたりする「動き方のコツ」を発見させる。

（2）3対2のタスクゲームでトライを決めているグループを撮影することにより、タグをされた
　　時に、残りのメンバーがどこにいるかなどを確認させる。

（3）子供たちが考えた作戦を撮影し、ネーミングして、全体共有する。「隅っこ走り抜け作戦」
　　「おとり作戦」など、多様な作戦が出てくる。

「タグラグビー（その2）」

年　　　組　　　番（　　　　　　　　　　）

レベル	内容	やり方	振り返り
1 手つなぎタグ取り 技と自己評価のポイント タグを取る、タグを取られないように動く。 ◎→2つともできる ○→1つできる △→どちらもできない		守りは、頭を手で押さえる	月　　　日 ・ ・ ・ できばえ ◎ ○ △
2 ジャンケンタグ取り タグを取る、タグを取られないように動く。 ◎→2つともできる ○→1つできる △→どちらもできない		お互いの手の長さ分、離れる	月　　　日 ・ ・ ・ できばえ ◎ ○ △
3 ミニゲーム （3対2のタスクゲームで） トライする、タグを取る。 ◎→2つともできる ○→1つできる △→どちらもできない		タグを取れるのはボールを持っている人だけ	月　　　日 ・ ・ ・ できばえ ◎ ○ △
4 5対5のゲーム （攻守分離型で） ◎→全員がトライする ○→全員がタグを取る △→どちらもできない		タグを取られたら、後ろを向いてパスする	月　　　日 ・ ・ ・ できばえ ◎ ○ △
5 5対5のゲーム （攻守混合型で） ◎→全員がトライする ○→全員がタグを取る △→どちらもできない		パスカットしたら、相手コートに攻める	月　　　日 ・ ・ ・ できばえ ◎ ○ △

● 学習カードの使い方：できばえの評価 ●

レベルの評価： ◎よくできた／○できた／△もう少し
※振り返りには、「自分で気づいた点」と「友達が見て気づいてくれた点」の両方を書きます。

⑨ フラッグフットボール（その１）

河野健一

1 展開

（1）学習のねらい

①チーム内の役割を分担し、正確なパスを中心として攻撃し、それぞれの役割を果たしてゲームができる。

②チームや自己の特徴を理解して、適切な作戦を選んで、ゲームができる。

（2）学習のねらいを体現する発問・指示・対話的な活動

主体的な学びの発問・指示→ラインを通ると１点です。点を取るにはどうしたらよいか。

対話的な学びの発問・指示→ボールを持たない時にどのような動きをするとよいですか。

深い学びの発問・指示→チームの特徴をもとに、どんな作戦を選べば勝てますか。

指示１　ラインを通ると１点です。

発問１　点を取るにはどのように動くとよいですか。

指示２　２人でパスをしながら進みます。相手が１人。ボールを持っている人がラインまでいけるようにしなさい。

指示３　相手が２人になります。

発問２　どのようにすると点を取れますか。

対話的な活動１　どんな動きがよいのかを考えます。

指示４　３対２にします。

発問３　ボールを持たない時にどのような動きをするとよいですか。

指示５　４対３にします。

指示６　４対４にします。

発問４　どんな作戦を選べば勝てますか。

対話的な活動２　チームで作戦会議を開きます。

説明１　攻撃を２回にします。ボールを取られたり、タグを取られたりしたら、そこから２回目を始めます。

説明２　１回だけ前にパスしてよいです。

発問５　どんな作戦を選べば勝てますか。

2 NG事例

（1）ただ突っ込んでいくだけのプレーに終始する。

（2）全員が動かない。見ているだけの子供がいる。

❶**発問**　点を取るにはどのように動くとよいですか。

評価の観点　相手をかわす。無駄に下がらない。パスを受けられる場所にいる（自分とボール保持者の間に相手がいない。ボール保持者よりも前にいない）。

×は❶へ

↓

❷**発問**　３対２です。ボールを持たない時にどのような動きをするとよいですか。

評価の観点　ボール保持者でない人が意味のある動きをしている。囲まれる前にボールを放している。

×は❷へ

↓

❸**発問**　どんな作戦を選べば勝てますか。

評価の観点　チーム全員が意味のある動きをしている。１回の前パスを有効活用している。

↓

❹**学習カードで評価する**

□成果の確認をする。

□課題の把握をする。

3 場づくり

準備物／フラッグボール、タグ（それに代わる物）、ビブス

（1）「習得の段階」……『個人技能』パス、周りのサポートの動きといった基本的な動きを習得する。

ボール運びその1
1対1→2対1→2対2

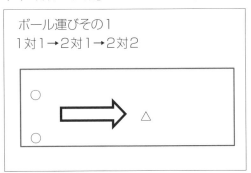

ボールを反対側のラインまで運ぶ。

タグを取られたり、ラインから出たりしたら終わり。

（2）「活用の段階」……『個人技能＋集団技能』3〜4人で工夫した動きを身につける。

ボール運びその2

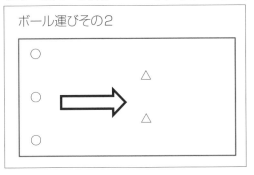

3対2→4対3→4対4と人数を増やす。

（3）「探究の段階」……『集団技能』集団での動きを獲得する。4対4のまま、以下の3つを付け足す。

①攻撃を2回にする。パスミスは投げた所から。それ以外はその場所からスタート。

②2回の攻撃が終わるか得点が入ったら攻守交代。両チームが3回攻撃を行ったら終了。

③1回の攻撃で1回だけ、前にパスを出してよいことにする。

4 協働的な学びをつくる体育的コミュニケーション

　作戦を立てる時間をボール運びの時から入れていく。2対1になった時点で、どのように攻めるのかを考えさせる。「作戦を立てなさい」というよりも、「どのように動けばよいですか」「ボールを持たない時にどこにいればよいですか」という発問をして考えさせると、具体的な作戦が生まれやすい。3対2、4対3と人数が増えていくにつれて、ボールに触れない子供が出てくる。その時に立っているのではなく、何らかの動きをするように促す。

　教師は子供たちの動きを見て、メンバー全員が役割をもっているチームの作戦を取り上げ、紹介する。また、タブレットＰＣで子供たちに検索させるのもよい。具体的なモデルがある方が、子供たちが考えやすいからである。

5 方法・手順

（1）「習得の段階」

①「しっぽ取り」……かわす練習。

四角形の中で
しっぽ取り鬼

端から端まで走り
ライン上の鬼をかわす

鬼は
ライン上
のみ
動ける

②パスの出し方と受け方の練習。

（2）「活用の段階」

③3対2、4対3、4対4のボール運び鬼をする。ボールを持たない動き、ボールを持った時の動きを練習する。

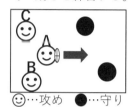

☺…攻め　●…守り

教師は様子を見て、ボールを持っていない子供たちの次のような動きを取り上げて誉める。

①パスを受けられる味方より後ろにいる。

②自分とボールを持っている子供の間に相手がいない。相手がいないように動いている。

③ 相手を惑わせる動きをしている。

（3）「探究の段階」

④習得した技術を活かして、ゲームをする。⑤作戦を話し合い、発表する。

ア）1試合ごとに作戦タイムを設ける。その作戦に応じた練習に取り組む。

イ）「4対4ゲーム」……4人対4人でゲームをする。

6 コツ・留意点

（1）ボールキャッチができる。

（2）ボールを持たない時の動きを考え、実行する（空いた場所に動く、守備側をガードする、相手にフェイントをかける等）。

（3）得点を取るための作戦を、自チームの特徴に応じて立てる。

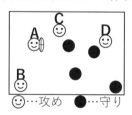

☺…攻め　●…守り

　　時折、場所の確認を行う。試合を行う前に「試合中、長い笛が鳴ったらその場で止まります。場所を確認します」と告げておき、試合中に笛を吹く。そして、「ボールと自分の間に相手がいない人（左図だとBとC）は合格」と告げる。また、Cはパスが出せる位置にいないから意味がないことも伝える。

7 ICTを活用した授業プラン

（1）動画検索をして、かわす動きやパスを受ける動きを見る。様々な動きを見ることで、動き方のバリエーションを増やす。

（2）自分の動きを撮影してもらう。動画を見て、うまくいかなかった理由を考え、望ましい動きを考える。

（3）フラッグフットボールの試合の動画を見ることで、作戦のバリエーションを増やす。「おとり作戦」や「ボール隠し作戦」等を考える。

「フラッグフットボール（その1）」

年　　　組　　　番（　　　　　　　　　　）

レベル	内容	やり方	振り返り
1 1対1 **技と自己評価のポイント** ボールを持ってゴールまで運ぶ。 ◎→1回以上ゴールまで行けて、相手のしっぽを取れた ○→◎のどちらかができた △→1対1ができた		素早く相手をかわす	月　　　日 ・ ・ ・ できばえ ◎ ○ △
2 2対1、2対2 味方と協力して、ボールをゴールラインまで運ぶ。相手を止める。 ◎→1回以上ゴールまで行けて、相手のしっぽを取れた ○→◎のどちらかができた △→2対1、2対2ができた		ボールを持たない時の動きを考える	月　　　日 ・ ・ ・ できばえ ◎ ○ △
3 3対2、4対3 3対2や4対3のゲーム形式で行う（半面）。 ◎→パスを受けた、パスを味方に渡せた、味方の役に立った ○→◎のどれかができた △→敵のいない場所に移動した		ボールを持たない時の動きを考える	月　　　日 ・ ・ ・ できばえ ◎ ○ △
4 ゲーム（全面） 4対4のゲーム（全面）。 ◎→全員が作戦や展開に応じて動いていた ○→半分以上のメンバーが作戦や展開に応じて動いていた △→協力してできた		作戦を選んだり、立てたりしてゲームで試す	月　　　日 ・ ・ ・ できばえ ◎ ○ △

━━━━●学習カードの使い方：できばえの評価●━━━━

レベルの評価： ◎よくできた／○できた／△もう少し
※振り返りには、「自分で気づいた点」と「友達が見て気づいてくれた点」の両方を書きます。

⑩ フラッグフットボール（その2）

木田健太

1 展開

（1）学習のねらい

①基本的なボール操作とボールを持たない時の動きによって、コート内で攻守入り交じって、ボールを手でシュートしたり、空いている場所に素早く動いたりしてゲームをすることができる。

②チームや自己の課題を設定して、互いに協力して、ゲームができる。

（2）学習のねらいを体現する発問・指示・対話的な活動

主体的な学びの発問・指示→2人1組でパス練習をします。

対話的な学びの発問・指示→どんなパスをしたらよいですか。

深い学びの発問・指示→チームが勝つには、どんな作戦を立てたらよいですか。

指示1 2人1組でパス練習をします。
　　　　30秒で何回キャッチできるか数えなさい。

指示2 2人1組でパス練習（スナップ）をします。

指示3 4対2のゲーム（鳥かご）です。30秒以内に何回パスを回すことができるか数えなさい。中の鬼（2人）を交代します。

対話的な活動1 どんなパスをしたらよいですか。
　　　　ア）山なり　イ）ライナー（真直ぐ）

説明1 相手が遠い時には山なりの、近い時には ライナー（真直ぐ）のボールを投げます。

指示4 2対1対2対1をします。スナップ（股の下にボールを通して、相手に渡す）から始めなさい。

対話的な活動2 チームが勝つには、どんな作戦がよいですか。

説明2 攻撃側は、ボールを持っているふりをしたり、ボールを体で隠したりして、相手を騙します。

指示5 成果や課題を学習カードに記入します。

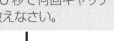

❶**指示** 2人1組でパス練習をします。30秒で何回キャッチできるか数えなさい。

×は❶へ

↓

❷**発問** どんなパスをしたらよいですか。

評価の観点 味方の状況に応じてパスを使い分けている。

×は❷へ

↓

❸**発問** チームが勝つには、どんな作戦がよいですか。

評価の観点 チームの課題に応じた作戦を選んだり立てたりすることができる。

↓

❹**学習カードで評価する**
□成果の確認をする。
□課題の把握をする。

2 NG事例

（1）一部の上手な子供だけが活躍する。

（2）パスをもらえなかったり、ボールに触ることができない子供が出てくる。

（3）勝敗やうまくいかないことを友達のせいにする。

3 場づくり

準備物／タグラグビーボール、ビブス

（1）「習得の段階」……『個人技能』基本的なボール操作の動きを習得する。

①2人1組でパス練習。　　　　　　　　　　②2人1組でパス練習（スナップ）。

　　　　　　　　　　　　　　　　　　　　※自分の股の間を通して、相手に渡すこと。

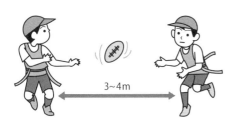
3~4m

（2）「活用の段階」……『個人技能＋集団技能』攻めや守りに必要な動きを身につける。

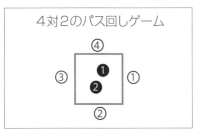

4対2のパス回しゲーム

④
③ ❶ ①
　 ❷
②

1辺が5mの正方形のコートをつくる。6人1組をつくり、その中で4人と2人に分かれる。外の①～④の4人でパス回しをする。中の❶と❷は、パスカットをねらう。

（3）「探究の段階」……『集団技能』集団での攻守入り交じった動きを獲得する。

エンドゾーン	③ ❷ ④	❶	①
	C	B	② 10m
5m	5m	5m	5m

いちばん端がエンドゾーン（ゴールゾーン）とする

6人1組で、Aコートに攻撃の①②、Cコートに攻撃③④を、BとCコートに守備の❶❷をそれぞれ1人ずつ配置する。
①と②はスナップから攻撃を始め、守備❷がいないところへ動いた③か④にパスをする。パスをもらった③か④が、そのままエンドゾーンに到達すれば1点。守備側の❶はBコート、❷はCコートの外をそれぞれ出ることはできない。
❶はパスカットのみ、❷はフラッグを取りに行ったり、パスカットしたりする。
パス：前にいる味方にボールを投げること
ピッチ：後方にいる味方にパスすること
ハンドオフ：味方にボールを手渡しすること
パスは1回だけ。ピッチ、ハンドオフは何度も可。

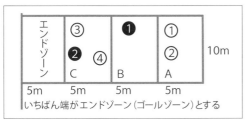

エンドゾーン

4 協働的な学びをつくる体育的コミュニケーション

　ゲーム中は、例えば攻撃側は、「パス！」、「〇〇くん、いくぞ！」のような声かけが必然的に生まれてくる。「声かけ作戦」と題して、ベースとなる作戦である。その上で、ボールを保持していない攻撃側の人間の動きがキーポイントである。いかに守備側の人間から離れてボールをもらうかである。そこで、どのように動いたらよいか相談させる。例えば、クロスする「クロス作戦」や、片方がエンドゾーン側へ、もう片方がその逆方向へ動く「前後作戦」といったアイデアが生まれる。そこにパスする役目の人間が、山なりのパスなのか、ライナーのパスなのかという、パスの質という観点も加わると、より高度な作戦になる。そういった作戦をお手本として実演させることで、チームで協力する良さを感じることができる。

5 方法・手順

（1）「習得の段階」……パス練習を行う。

　①パス練習。　　　　　　　　　　　　②スナップの練習。

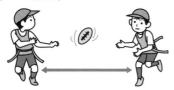

（2）「活用の段階」……4対2のパス回しゲームを行う。

　③30秒以内にコートの外にいる4人は、何回パスを回すこと
　　ができるか数える。中の2人は積極的にパスカットする。
　　中の2人を交代して再度行う。

　④上手なチームの動きを取り上げて、攻めや守りのコツを発
　　見させる。

（3）「探究の段階」……2対1対2対1のゲームを行う。

　⑤ゲームの結果をもとに作戦会議を開く。

　⑥成果と課題について振り返りを行い、
　　新たな作戦を立てる。

6 コツ・留意点

（1）攻撃の時のパスの受け手は、パスをもらいやすくするため、敵のいない場所を見つけて、
　　そこに素早く移動する。

（2）攻撃の時のパスの出し手は、味方が敵のいない場所に移動したことを確認したら、素早く
　　パスを出す。

（3）守備の時は、積極的にパスカットをして、フラッグを取りに行く。

（4）攻撃側は、守備側を騙すような動きやハンドオフ（ボールの手渡し）を考える。

（5）守備側は、マーク（誰が誰につくか）をしっかり考える。

7 ICTを活用した授業プラン

（1）強いチームの動きを動画で撮る。そして、「クロス作戦」や「前後作戦」等、守備側の人間
　　から離れて、スペースでボールをもらったり、素早い腕の振りから味方にパスしたりする
　　様子などに気づかせる。

（2）強いチームの動きを基準にして、自分のチームの試合動画と比較することで、新たな作戦
　　を立てたり、動きを改善したりする時の手立てとする。

（3）教室で、作戦会議をクラウドを通して共有し、自分のチームの作戦を立てる時の参考にする。

「フラッグフットボール（その2）」

年　　組　　番（　　　　　　　　　　　）

レベル	内容	やり方	振り返り
1	**基本的なボール操作①** 技（わざ）と自己評価（じこひょうか）のポイント パス練習。 ◎→パスを1回も落とさずキャッチできた ○→1回落としてしまった △→2回以上落とした	3〜4m 相手の胸あたりを目印に投げる	月　　日 ・ ・ ・ できばえ ◎ ○ △
2	**基本的なボール操作②** パス練習（スナップ）。 ◎→落とさずにパスができた ○→1回落としてしまった △→2回以上落とした	パスは両手でキャッチする	月　　日 ・ ・ ・ できばえ ◎ ○ △
3	**4対2** 4対2タスクゲーム。 ◎→パスを1回も落とさずキャッチできた ○→1回落としてしまった △→2回以上落とした	キャッチして素早くパスする	月　　日 ・ ・ ・ できばえ ◎ ○ △
4	**2対1対2対1（攻撃）** 2対1対2対1のゲーム。 ◎→タッチダウンできた ○→パスができた △→協力してできた	エンドゾーン 敵のいない場所に素早く移動する 空いている味方に素早くパスをする	月　　日 ・ ・ ・ できばえ ◎ ○ △
5	**2対1対2対1（守備）** 2対1対2対1のゲーム。 ◎→フラッグを取った。あるいは、パスカットできた ○→ゲームに勝つことができた △→協力してできた	エンドゾーン パスの受け手と出し手の間に立つ 攻撃側に走り負けない。速く走る	月　　日 ・ ・ ・ できばえ ◎ ○ △

学習カードの使い方：できばえの評価

レベルの評価： ◎よくできた／○できた／△もう少し

※振り返りには、「自分で気づいた点」と「友達が見て気づいてくれた点」の両方を書きます。

①ソフトバレーボール（その1）

石橋禎恵

1 展開

（1）学習のねらい

①チーム内の役割を分担し、パスやアタックを使って攻撃し、それぞれの役割を果たしてゲームができる。

②チームや自己の課題を設定して、互いに協力して、ゲームができる。

（2）学習のねらいを体現する発問・指示・対話的な活動

主体的な学びの発問・指示→チームの仲間が取りやすいのは、どんなパスですか。

対話的な学びの発問・指示→チームが勝つには、どんな作戦を立てたらよいですか。

深い学びの発問・指示→勝敗と得点を見て、どんな作戦を立てたら勝てますか。

指示1 ボールを相手にパスします。

発問1 チームの仲間が取りやすいのは、どんなパスですか。

指示2 ラリーをします。

発問2 パスをつなげるために、どんな工夫をしましたか。

説明1 4体4のゲームをします。

指示3 1回戦を始めます。得点が入ったら、得点を入れた人が得点板をめくります。両チームがローテーションします。

説明2 1回戦の結果を発表します。

対話的な活動1 チームが勝つには、どんな作戦を立てたらよいですか。作戦会議を開きます。

指示4 2回戦を始めます。チームで立てた作戦でゲームをします。

説明3 2回戦の結果を発表します。

指示5 勝敗と得点を見て、どんな作戦を立てたら勝てますか。チームで話し合いなさい。

説明4 勝つためには、アタックをする場所を決めて、人のいないところへアタックをするといいです。

2 NG事例

（1）一部の上手な子供だけが活躍する。

（2）人数が多すぎてボールに触れない子供が出る。

❶**指示** ボールを相手にパスします。

↓

❷**発問** チームの仲間が取りやすいのは、どんなパスですか。

評価の観点 相手に体を向けて、受け取りやすいパスを出している。

↓

❸**発問** チームが勝つには、どんな作戦を立てたらよいですか。

評価の観点 チームで話し合い、パスの仕方やアタックの仕方を1回戦よりもよくする。

↓

❹**発問** 勝敗と得点を見て、どんな作戦を立てたら勝てますか。

評価の観点 アタックをする場所や動く場所を工夫する。

↓

❺**学習カードで評価する**

□成果の確認をする。

□課題の把握をする。

×は❸へ

3 場づくり

準備物／ソフトバレーボール、バドミントンのネット、50～100gのソフトバレーボール

（1）「習得の段階」……『個人技能』1人での基本的な動きを習得する。

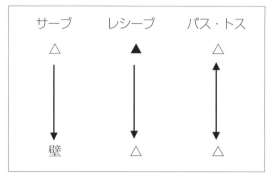

基本的な個人技（2人組で練習）

（2）「活用の段階」……『個人技能＋集団技能』2～3人で工夫した動きを身につける。

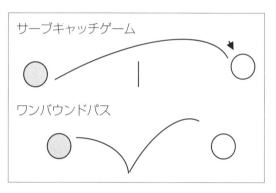

（3）「探究の段階」……『集団技能』集団での動きを獲得する。

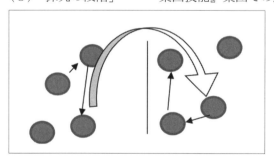

▼4対4ゲーム

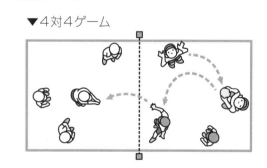

4 協働的な学びをつくる体育的コミュニケーション

　ボールを体に当ててはじくことへの恐怖や負担を感じないように、ソフトバレーボールを使う。「パスをつなげるための工夫」を考えさせることで、体を向けたり腰を落としたりする動きに気づかせるようにする。また、バウンドやキャッチをしてもよいとルールを工夫することで、より多くパスをつなげることができるようになる。「パスをつなげるために」作戦を考えることにより、多くの子供がボールを触れるようになり、チーム内で協力するようになる。「声をかけ合う」「みんながボールに触る」など、視点を示すとより協調的な学びを深められる。

5　方法・手順

（1）「習得の段階」

①サーブ。　　　　　②レシーブ。　　　　　③パス・トス。

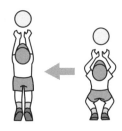

（2）「活用の段階」……サーブキャッチゲーム、ワンバウンドパスをする。

④相手チームの打ったサーブをキャッチする。慣れてきたら、レシーブで取る。

⑤相手のパスを、1回バウンドさせて、パスする。慣れてきたら、ノーバウンドで取る。

▼サーブキャッチゲーム　　　　　　　　　　▼ワンバウンドパス

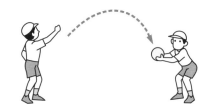

（3）「探究の段階」

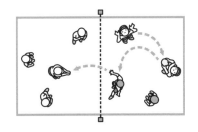

⑥習得した技術を活かして、ミニゲームをする。コートに入ったボールを2回目に触る人は、キャッチしてもよい。

⑦作戦会議を開く。ゲームの結果をもとにチームで話し合う。作戦を選んだり、立てたりして、試合でその作戦を試す。

⑧作戦を試した後に、成果と課題について振り返りを行う。振り返りをもとに、新たな作戦を選んだり立てたりする。

6　コツ・留意点

（1）攻撃の時は、相手のいないスペースをねらってボールを打つようにする。

（2）守備の時は、どんな球でも取れるように、腰を低くして構える。

7　ICTを活用した授業プラン

（1）お手本の動画（『体育ノ介 ソフトバレーボール』）を見て、ポイントを確かめる。

（2）自分たちのレシーブの動きを録画する。①目線②体の位置③腕の形を、動画と比べる。

（3）できていないところを再度練習し、再び録画して、比べる。

（4）トス・パスについてもお手本の動画を見て、ポイントを確かめる。

（5）自分たちのトス・パスの動きを録画する。①手の形②ひじの向き③膝の動きを比べる。

（6）できていないところを再度練習し、再び録画して、比べる。

（参考動画：「ソフトバレーボールに挑戦だ！」『はりきり体育ノ介』NHK for School）

「ソフトバレーボール（その1）」

年　　　組　　　番（　　　　　　　　　　）

レベル	内容	やり方	振り返り
1 基本的な動き①	技(わざ)と自己評価(じこひょうか)のポイント （サーブ） ◎→ボールを相手コートへ飛ばした ○→ボールをネットの向こうへ飛ばした △→ボールを手に当てた	重心を前に移動させながら 掌をボールに当てる	月　　　日 ・ ・ ・ できばえ ◎ ○ △
2 基本的な動き②	（レシーブ） ◎→相手にボールを5回返した ○→当てたボールを3回上に上げた △→腕に当てた	三角形を作った腕に当てる	月　　　日 ・ ・ ・ できばえ ◎ ○ △
3 基本的な動き③	（パス・トス） ◎→指先でボールを上げて相手に5回返した ○→指先でボールを3回押し上げた △→指先にボールを当てた	包み込むようにボールを受け、斜め上に返す	月　　　日 ・ ・ ・ できばえ ◎ ○ △
4 タスクゲーム	（ワンバウンドパス） ◎→落ちてくるボールの下に入って5回返した ○→相手の方へ3回パスできた △→パスをした	バウンドしたボールを相手に返す	月　　　日 ・ ・ ・ できばえ ◎ ○ △
5 4対4のゲーム	4対4のゲームをして、楽しくできる。 ◎→全員がアタックした ○→全員がパスした △→協力してできた	作戦を立ててゲームで試す	月　　　日 ・ ・ ・ できばえ ◎ ○ △

──●　学習カードの使い方：できばえの評価　●──

レベルの評価： ◎よくできた／○できた／△もう少し
※振り返りには、「自分で気づいた点」と「友達が見て気づいてくれた点」の両方を書きます。

② ソフトバレーボール（その2）

松本一真

1 展開

（1）学習のねらい

　①ボール操作とチームの作戦に応じたボールを持たない時の動きによって、チームで連携しながら相手が捕りにくいボールを返球するゲームができる。

　②チームや自己の課題を設定して、互いに協力して、ゲームができる。

（2）学習のねらいを体現する発問・指示・対話的な活動

　主体的な学びの発問・指示→どのようにすればラリーが続きますか。

　対話的な学びの発問・指示→どのようにすれば相手に勝てますか。

　深い学びの発問・指示→チームが勝つには、どんな作戦を立てたらよいですか。

指示1　壁に向かってバレースカッシュをします。1人でラリーが何回続くか挑戦します。

発問1　どのようにすればラリーが続きますか。

説明1　できるだけ同じ強さで同じ場所にボールを当てるようにします。

指示2　1対1でスカッシュをします。

発問2　どのようにすれば相手に勝てますか。

説明2　強弱をつけて打つと相手が取りにくいです。

指示3　キャッチングバレーボールをします。1回戦を行います。

対話的な活動1　チームが勝つには、どんな作戦を立てたらよいですか。作戦会議を開きます。

指示4　2回戦を行います。チームの立てた作戦でゲームをします。

発問3　勝敗と得点を見て、どんな作戦を立てたらよいですか。

対話的な活動2　チームで作戦会議を開きます。

説明3　勝つためには、相手のいない場所を見つけて、そこにボールを打つとよいです。

指示5　成果や課題を学習カードに記入します。

2 NG事例

（1）力任せにボールを打つ。

（2）コート数が少なく、ゲームができない子供が出る。

（3）作戦の立て方が分からないチームに、作戦例を紹介しない。

❶**発問**　どのようにすればラリーが続きますか。

評価の観点　オーバーハンドパスやアンダーハンドパスなどの基本的なボール操作ができる。

×は❶へ

↓

❷**発問**　どのようにすれば相手に勝てますか。

評価の観点　相手が取りにくい場所に強弱をつけて打つことができる。構えの基本姿勢が取れている。

×は❷へ

↓

❸**発問**　チームが勝つには、どんな作戦を立てたらよいですか。

評価の観点　チームの課題に応じた作戦を選んだり立てたりすることができる。

↓

❹**学習カードで評価する**

□成果の確認をする。

□課題の把握をする。

3 場づくり

準備物／ソフトバレーボール、バドミントンの支柱とネット、ゴムひも

（1）「習得の段階」……『個人技能』基本的なボール操作(パス)の動きを習得する。

- ①壁に向かってボールを打つ。ノーバウンドでもワンバウンドさせてから返してもよい。
- ②1人でラリーが続き出したら、2人組でラリーをさせる。

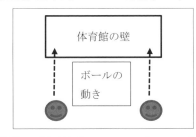

（2）「活用の段階」……『個人技能＋集団技能』どこにボールを打つか考えて打つ。

【バレースカッシュ】

- ①交互にボールを打つ。(オーバーハンドかアンダーハンドで) ツーバウンドさせた方が勝ち。
- ②シングルス戦ができたらダブルス戦も行う（最初はキャッチしてもよい）。

（3）「探究の段階」……『集団技能』集団で決めた作戦にそった動きを獲得する。

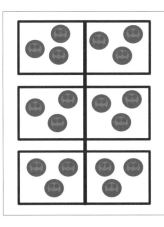

【キャッチングバレー】
- ①バドミントンコートで行う。
- ②支柱をゴムひもでつなぎ複数のコートを作る。
- ③3分間で試合を行い、勝ったチームは上のコートへ、負けたチームは下のコートへ行く。
- ④試合後、タブレットで作戦会議を行う。

4 協働的な学びをつくる体育的コミュニケーション

　子供たちに、「作戦を立てたい！」という必要感を持たせるためには、習得場面からゲーム形式で行うとよい。そうした経験を積むことで、「どのようにすればラリーの回数が増えるか、相手チームに勝つことができるか」などのねらいに沿った話し合い活動が活発に行われるようになる。「キャッチングバレーボール」では、トスを上げて普通に打つだけでなく、トスが上がったらすぐに打つ「速攻作戦」や打つと見せかけて他の人が打つ「おとり作戦」がある。

　そうした作戦の動きが分かる動画をタブレットで視聴し、チームで作戦を選べるようする。そして、ゲームで作戦が上手くいった瞬間教師が褒めることで、集団技能が高まっていく。

1 低学年 ゲーム・鬼遊び

2 中学年 ゲーム

3 高学年 ボール運動

5 方法・手順

（1）「習得の段階」……1人か2人組で壁に向かってボールを打ち、ラリーを続ける。
　　　ノーバウンドでもワンバウンドさせてから返してもよい。

　　①ボールを壁に投げる。　　②返ってきたボールを壁に打ち返す。　　③ラリーを続ける。

（2）「活用の段階」……1対1、2対2でバレースカッシュを行う。
　　④交互にボールを打つ（オーバーハンドかアンダーハンドで）。ツーバウンドさせた方が勝ち。
　　⑤最初はキャッチ&スローにするとラリーが続きやすい。慣れてきたらパスだけにする。

（3）「探究の段階」……3対3でキャッチングバレーを行う。
　　⑥習得した技能を活かして、バドミントンコートでゲームをする。
　　⑦キャッチ&スローで味方にパスをし、3回で相手コートに返す。
　　⑧慣れてきたら最後の3回目は、キャッチなしでパスやアタック
　　　で相手コートに返す。
　　⑨作戦会議を開く。「速攻作戦」か「おとり作戦」を選ぶ。
　　⑩作戦を試した後に、成果と課題について振り返りを行い、新た
　　　な作戦を選んだり立てたりする（「速攻」と「おとり」を組み合
　　　わせたり、2回目に打ち返す「ツーアタック作戦」が生まれる）。

6 コツ・留意点

（1）「習得の段階」では、自分の頭より高い位置にボールを当てるとラリーが続きやすい。
（2）「活用の段階」では、緩急をつけてボールを打つと、相手が取りにくくなる。
（3）「探究の段階」では、ボールはキャッチして1秒以内にパスをするというルールで行うと
　　　緊張感が生まれ、スピーディーなゲーム展開となる。

7 ICTを活用した授業プラン

（1）オーバーハンド（額の前で手を三角形にしている）とアンダーハンド（肘が伸びている）のよ
　　　い動きと悪い動きの映像を見せて、「手（腕）のどの動きがよいか」と問う。
（2）「スカッシュの上手な人はどのように打っていますか」と問い、緩急をつけながら打つと相
　　　手がスタートしにくくなり、相手に勝ちやすくなることを動画から気づかせる。
（3）ゲーム中の動きをタブレットで撮影し、ゲーム後に視聴させ「どうしたら相手に勝てますか」
　　　と問い、作戦の見本映像を視聴させながら、次のゲームの作戦を立てさせる。

ソフトバレーボール（その2）「キャッチングバレーボール」

年　組　番（　　　　　　　　　　）

レベル	内容	やり方	振り返り
1 オーバーハンドパス 技（わざ）と自己評価（じこひょうか）のポイント ボールを壁に連続で当てた回数。 ワンバウンドあり。 ◎→10回以上 ○→4～9回 △→0～3回		額の前でおにぎりをつくる	月　日 ・ ・ ・ できばえ ◎ ○ △
2 アンダーハンドパス ボールを壁に連続で当てた回数。 ワンバウンドあり。 ◎→10回以上 ○→4～9回 △→0～3回		肘をしっかり伸ばして当てる	月　日 ・ ・ ・ できばえ ◎ ○ △
3 壁スカッシュラリー 2人組で交互にボールを壁に連続で当てた回数。 ◎→10回以上 ○→4～9回 △→0～3回		相手が打つ時に低い姿勢で構える	月　日 ・ ・ ・ できばえ ◎ ○ △
4 壁スカッシュゲーム 1対1か2対2のゲーム。 ツーバウンドさせた方が勝ち。 ◎→強弱をつけながら打った ○→基本パスの動きで打った △→相手が打つ時に構えた		強弱をつけて、相手が取りにくいところに打つ	月　日 ・ ・ ・ できばえ ◎ ○ △
5 キャッチングバレー 3対3のゲーム（バドミントンコート）。 相手コートにボールを落としたら勝ち。 ◎→全員がアタックをした ○→全員にパスが渡った △→協力してできた		作戦を選んだり立てたりしてゲームで試す	月　日 ・ ・ ・ できばえ ◎ ○ △

学習カードの使い方：できばえの評価

レベルの評価：◎よくできた／○できた／△もう少し
※振り返りには、「自分で気づいた点」と「友達が見て気づいてくれた点」の両方を書きます。

③ プレルボール

佐藤貴子

1 展開

(1) 学習のねらい

　①相手コートからきたボールを手を使って相手コートに返球することができる。

　②チームや自己の課題を設定して、互いに協力してゲームができる。

(2) 学習のねらいを体現する発問・指示・対話的な活動

　主体的な学びの発問・指示→どうしたら長く打ち続けることができますか。

　対話的な学びの発問・指示→どんな打ち方をしたら、ポイントが取れますか。

　深い学びの発問・指示→勝利作戦をペアで考えます。

説明1 「ハンドテニス」をします。	**❶指示** 1人で壁打ちをします。
指示1 ボール慣れをします。ドリブル下・上・右・左。	↓
指示2 1人で壁打ち練習をします。	**❷発問** どうしたら1人壁打ちを長く打ち続けられますか。
発問1 長く続けるには、どうしたらよいですか。	**評価の観点** 素早くボールの落下点に移動している。
説明2 ボールの位置に素早く移動がポイントです。	↓
指示3 2人組。1人が投げて、1人が打ちます。	**❸発問** ペアで長く打ち続けるにはどうしたらいいですか。
指示4 2人組で取らずに、打ち続けます。	**評価の観点** 何回続いたか。
発問2 長く続けるには、どうしたらよいですか。	↓
対話的な活動1 2人組で長く続ける工夫を考え、打ち合う。	**❹指示** 2対2でゲームをしましょう。
説明3 相手が打ちやすいようなボールを返します。	**評価の観点** チームの課題に応じた作戦を選んだり立てたりしている。
指示5 2人組でミニゲームをします。	
説明4 ペアは交代交代で打ちます。	↓
発問3 勝つためには、どんな工夫をしますか。	**❺発問** 「元大中小」のゲームをしましょう。
対話的な活動2 ペアで作戦会議を開き、やってみます。	**評価の観点** 相手に打ち返すことができているか。
説明5 声をかけ合ったり、相手の隙をねらって打ったりするのも作戦です。	↓
説明6 「元大中小*」をします。ルールを覚えます。	**❻学習カードで評価する**
指示6 4人組で「元大中小」のゲームをします。	□成果の確認をする。
説明7 「元大中小」のルールを覚えます。	□課題の把握をする。
発問4 勝ち続けるためには、どんな工夫をしますか。	
説明8 横から打ち込んだり、長いボール・短いボールと緩急をつけたボールを打ったりするのも作戦です。	

「×は❷へ」

「×は❸へ」

※元大中小……天大中小ともいう。

2 NG事例

（1）ラリーが続かず、ゲームにならない。

（2）ペアのコミュニケーションが取れていない。

（3）作戦の立て方が分からないのに、作戦例を紹介しない。

3 場づくり

準備物／ソフトテニスボール（1人に1個あるとよい）

（1）「習得の段階」……『個人技能』基本的なボール操作の動きを習得する。

 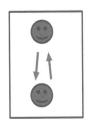  

▲1人壁打ち　　▲ペア打ち

（2）「活用の段階」……『個人技能+ペア技能』攻めや守りに必要な動きを身につける。

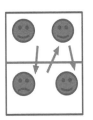 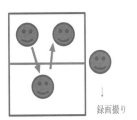
↓
録画撮り

▲2対2のタスクゲーム

（3）「探究の段階」……『個人技能+ペア技能』身につけた技能を使って、ゲームをする。

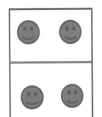 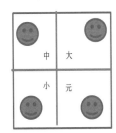

▲「元大中小」のゲーム

4 協働的な学びをつくる体育的コミュニケーション

「ハンドテニス」は、どこでも誰でもできる。ボール1つあれば、休み時間や放課後も、子供たちは、自分たちで遊ぶことができる。楽しさの理由の1つに、「元大中小」の場合、勝ったら位が1つ上がり、負けたら下がるというランキングがあるからである。自分で作戦を考え、やってみる。決まったら嬉しい。友達と共に運動する機会は小学校のうちにたくさん経験させたいことだ。2対2のゲームの場合は、「どうすれば勝てるか」という作戦会議の時間を設ける。

ICTを活用し、自分たちの動きを録画し、見て、どこをねらうか、ボールの緩急など、ペアで動きの工夫を考える。ペアで声をかけ合って練習やゲームをすることができる。ペアで技術の向上を目指し、練習・ゲームをすることで、体育的コミュニケーションができる。

5 方法・手順

（1）「習得の段階」

①ボール慣れの練習（上下左右）。　　②壁打ちの練習。　　③ペア打ちの練習（長く続ける）。

（2）「活用の段階」

④2対1のタスクゲーム。　　⑤2対2のタスクゲーム。

ポイントとなる打ち方や動き方を工夫する。自分の動きを客観的に見るために、ICTを活用し、振り返り、作戦を練る。

〈「2対2」のルール〉
① 自分の陣地に1回バウンドさせ、相手コートに返す。
② 交代で打つ。ポイントで1点。

（3）「探究の段階」

⑥ 習得した技術を活かして、2対2のゲームをする。

⑦「元大中小」のゲーム。

〈「元大中小」のルール〉
① ジャンケンで場所を決める。
② 自分の陣地に1回バウンドさせてから、相手コートに打つ。どこに打ってもよい。
③ サーブは「小」から打つ。
④ ポイントで、上がったり、下がったりする。
⑤「小」が負けたら、待っている人と交代。

6 コツ・留意点

（1）チャンスボールがきたら、強く打ち込んだり、ラインぎりぎりに落としたりする。

（2）打たない時は、素早く場所を空け、打つ時は、素早くボールの位置に移動する。

7 ICTを活用した授業プラン

（1）友達のよい動きを分析させ、ポイントを取る打ち方を発見させる。強く打ち込むには、低い打点から体をひねって打ち込むという「動き方のコツ」を発見させる。

（2）タブレットで、友達の動きを自由に見られるようにし、作戦会議の参考にさせる。「チョンボリ作戦」（センターラインギリギリに落とす）や「チャンスボール強打作戦」（緩急をつけた打ち方を織り交ぜる）など、自分たちで作戦を考え、ゲームに活かす。

（3）動画を見て、「なぜ返せなかったか」など、原因をペアで話し合い、解決策を考える。

プレルボール「ハンドテニス」

年　　組　　番（　　　　　　　　　）

レベル	内容	やり方	振り返り
1 基本的なボール操作①	**技と自己評価のポイント** ボールに慣れる練習（上下左右）。 ◎→10回以上できる ○→3〜9回できる △→0〜2回できる	ボールのバウンドを考えてドリブルする	月　　日 ・ ・ ・ できばえ ◎ ○ △
2 基本的なボール操作②	1人壁打ち。 ◎→壁打ち10回できる ○→壁打ち5回できる △→壁打ち3回できる	ボールの落下点に素早く動く	月　　日 ・ ・ ・ できばえ ◎ ○ △
3 ペアでの練習	ラリーが続く。 ◎→ラリーが10回できる ○→ラリーが5回できる △→ラリーが3回できる	相手に打ちやすいボールを返す	月　　日 ・ ・ ・ できばえ ◎ ○ △
4 タスクゲーム	打ち方の工夫。 ◎→工夫した打ち方が5回できる ○→工夫した打ち方が3回できる △→工夫した打ち方が1回できる	ポイントが取れる打ち方で打つ	月　　日 ・ ・ ・ できばえ ◎ ○ △
5 ゲーム「2対2」「元大中小」	ラリーが続く。 ◎→ラリーが10回できる ○→ラリーが5回できる △→ラリーが3回できる	立てた作戦や打ち方をゲームで活かす	月　　日 ・ ・ ・ できばえ ◎ ○ △

●学習カードの使い方：できばえの評価●

レベルの評価：◎よくできた／○できた／△もう少し
※振り返りには、「自分で気づいた点」と「友達が見て気づいてくれた点」の両方を書きます。

④ バドミントン（その1）

岡 城治

1 展開

（1）学習のねらい

①基本的なラケット操作の技能を身につけ、シャトルの正面へ素早く移動したり、コート内のねらった所へシャトルを打ったりして、ラリーの続くゲームができる。

②自己の課題を設定して、仲間と協力して、ゲームができる。

（2）学習のねらいを体現する発問・指示・対話的な活動

主体的な学びの発問・指示→ラリーを長く続けるには、ラケットの面のどこで打ったらよいですか。

対話的な学びの発問・指示→ラリーが続くようにするためには、どんな作戦がありますか。

深い学びの発問・指示→話し合った作戦を活かしたゲームをするには、どうしたらよいですか。

指示1 3人1組になって、練習をします。2人が打ち合う時、もう1人は、回数を数えます。

指示2 練習では、できるだけ長くラリーを続けます。まずは、5回続くことを目指します。

発問1 ラリーを長く続けるには、ラケットの面のどこで打ったらよいですか。

　　1）上　2）中心　3）下

指示3 2チームでラリーゲームをします。

指示4 結果を発表しなさい。

対話的な活動1 ラリーが続くようにするための作戦会議をします。

指示5 作戦会議で話し合ったことを活かしてゲームをしなさい。

発問2 ラリーを長く続けるには、ラケットの面のどこで打ったらよいですか。

　　1）上　2）中心　3）下

説明1 ラリーを長く続けるためには、ラケットの面をシャトルに向けて、中心で打ちます。

指示6 成果や課題を学習カードに記入します。

❶**発問** ラリーを長く続けるには、ラケットのどこで打ったらよいですか。

評価の観点 ラリーが続くために、ラケットの面をシャトルに向けて中心で打っている。

×は❶へ

❷**指示** ラリーが続くようにするための作戦会議をします。

×は❷へ

❸**指示** 作戦会議で話し合ったことを活かしてゲームをしなさい。

❹**学習カードで評価する**

□成果の確認をする。

□課題の把握をする。

2 NG事例

（1）ラケットの持ち方や構え方など何も考えず練習を行い、ラリーが長く続かない。

（2）なぜラリーが続かないのか、理由が分からない。

（3）チームの課題を見つけられない。

3 場づくり

準備物／ラケット、シャトル、バドミントン用のネット（無い場合は支柱を立て、ひもを張る）

（1）「習得の段階」………『個人技能』基本的な動きや、ラケット操作を習得する。

〈シャトル打ち上げ〉	〈シャトルつきリレー〉
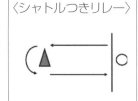	
ぶつからないよう、お互いに2～3m離れて行う。	4～5人で組を作り、カラーコーンを回って戻る。

▲シャトル打ち上げ　　▲シャトルつきリレー

（2）「活用の段階」……『個人技能＋集団技能』ラケットでシャトルを打ち合う動きを身につける。

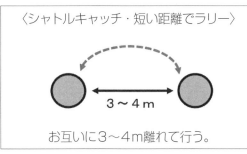

〈シャトルキャッチ・短い距離でラリー〉

3～4m

お互いに3～4m離れて行う。

▲シャトルキャッチ　　▲短距離でラリー

（3）「探究の段階」……『集団技能』ラリーをできるだけ長く続けるための動きを獲得する。

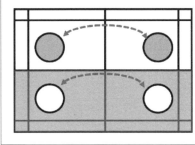

〈ハーフコートでラリーゲーム〉

①コートの半分を使う。
②ラリーを打ち合い、ラリーが何回続くかを他チームと競う。
③1試合は、2分で、何度挑戦してもよい。

▲ハーフコートでラリーゲーム

4 協働的な学びをつくる体育的コミュニケーション

　ラリー練習では、3人組を作らせ、2人が練習を行っている時、もう1人に、回数を数えさせる。その時、ラリーが長く続くポイントを見つけさせ、2人に伝えるようにする。友達の動きを見て、ポイントを伝え合うことで、協働的な学びの場をつくる。また、ゲームの様子をタブレット等で撮影し、ゲーム後にその映像を見ながら、ラリーが続くための話し合い活動（作戦会議）を行う。

　子供たちは、映像を見ながら、ラリーが続くポイントについて意見を出し合い、チームの課題を解決する方法を考える。また、話し合ったことを他チームとも共有する場を設けるようにする。協働的な学びの場を通して、仲間づくりの楽しさを味わうことができる。

1 低学年 ゲーム・鬼遊び

2 中学年 ゲーム

3 高学年 ボール運動

5 方法・手順

（1）「習得の段階」……ラケットの握り方を覚え、ラケットの操作を習得する。

①ラケットの握り方。　　②シャトル打ち上げ。　　③シャトルつきリレー。

ラケットは横から軽く握り、親指と人差し指でラケットを軽くはさむ。　その場でシャトルを落とさないように連続で打ち上げる。　シャトルをつきながら走る。1往復したら次の人にリレーする。

（2）「活用の段階」……短い距離（3〜4m）でのラリー練習。

④短い距離で、シャトルキャッチ。　　⑤短い距離で、2人でラリーを行う。

3〜4m離れて、シャトルを使ってのキャッチボールを行う。慣れてきたら、距離を伸ばしたり、ネットをはさんだりして行う。　3〜4m離れて、できるだけ長くラリーが続くように練習する。10回以上連続でできるようになったら、距離を伸ばしたり、ネットをはさんだりして行う。

（3）「探究の段階」……ハーフコートでのラリーゲーム。

⑥ハーフコートでラリーゲームをする。

⑦ゲームの結果をもとにチームで話し合い、ラリーを長く続けるための作戦を立て、次のゲームでその作戦を試す。

※作戦の例……シャトルがネットに当たらないように高く打ち上げる。

6 コツ・留意点

（1）どんな方向にも動ける構えを作っておき、飛んできたシャトルの正面へ、素早く移動する。また、シャトルをねらったところに打つために、ラケットの面をシャトルに向けて、ラケットの中心で打つ。（個人技能）

（2）シャトルや相手の動きをよく見て、相手が打ちやすい場所にシャトルを打つ。（集団技能）

7 ICTを活用した授業プラン

（1）仲間に練習での動きを撮影してもらい、「ラケットの持ち方」「目線」「構え」などを分析し、シャトルを上手に打つための動きのコツを発見させる。

（2）ゲームでの動きをタブレットで撮影し、ゲーム後にチームの動きを分析させ、ラリーが続くために必要な練習を考えさせる。

（3）学習の振り返りをGoogleフォームなどのアンケートアプリに入力させることで、勝敗の集計や学びの記録をスムーズに行えるようにする。

バドミントン（その1）「ラリーゲーム」

年　　　組　　　番（　　　　　　　　　　　）

レベル	内容	やり方	振り返り
1 基本的なラケット操作① 技（わざ）と自己評価（じこひょうか）のポイント シャトル打ち上げ。 ◎→10回以上連続でできた ○→5回連続でできた △→1回できた		ラケットで真上にシャトルを打ち上げる	月　　　日 ・ ・ ・ できばえ ◎ ○ △
2 基本的なラケット操作② シャトルつきリレー。 ◎→チーム全員落とさずにリレーが できた ○→落さずにリレーができた △→リレーができた		シャトルをつきながらリレーをする	月　　　日 ・ ・ ・ できばえ ◎ ○ △
3 シャトルキャッチ 山なりにシャトルを投げてもらい、手で キャッチする。 ◎→5球キャッチできた ○→2球キャッチできた △→キャッチできた		シャトルから目を離さずキャッチする	月　　　日 ・ ・ ・ できばえ ◎ ○ △
4 ラリー練習 短い距離でのラリー練習。 ◎→10回以上ラリーができた ○→5回ラリーができた △→2回ラリーができた		3〜4m離れてラリーを続ける	月　　　日 ・ ・ ・ できばえ ◎ ○ △
5 ラリーゲーム ハーフコートでラリーを続け、何回 続くかを他チームと競う。 ◎→全員5回以上ラリーできた ○→5回ラリーができた △→協力してできた		高く打ち上げたシャトルを打ち合う	月　　　日 ・ ・ ・ できばえ ◎ ○ △

—————● 学習カードの使い方：できばえの評価 ●—————

レベルの評価：◎よくできた／○できた／△もう少し
※振り返りには、「自分で気づいた点」と「友達が見て気づいてくれた点」の両方を書きます。

177

⑤ バドミントン（その2）

谷口修康

1 展開

（1）学習のねらい

①バドミントンに必要な技能を身につけて、簡素化されたゲームができる。

②得点を得るための作戦を立て、簡素化されたゲームができる。

（2）学習のねらいを体現する発問・指示・対話的な活動

主体的な学びの発問・指示→シャトルを遠くへ飛ばすためには、どうしたらよいか。

対話的な学びの発問・指示→シャトルを打つ時、相手コートのどこをねらえばよいか。

深い学びの発問・指示→得点を得るためにどのような作戦を立てたらよいか。

指示1 ラリーをします。少しずつ相手と離れます。

発問1 遠くへ飛ばすにはどうすればよいですか。

説明1 上からのショットでは、腕を内側にひねる、肘の角度と脇の角度を90度くらい開くと力がシャトルに伝わりやすいです。

指示2 次に、1対1のシングルスの練習をします。ルールは、ゲームポイント3点。サービスは、1本交代。結果を発表してください。

対話的な活動1 グループで作戦会議をします。相手のコートのどこをねらうとよいですか。

説明2 相手のコートの空いている場所をねらうと得点しやすいです。

指示3 相手コートの空いている場所をねらうことを考えながら、シングルスをします。結果を発表してください。

対話的な活動2 得点を得るためにどのような作戦を立てたらよいですか。グループで作戦会議をします。

発問2 どのような作戦を立てましたか。

指示4 考えた作戦でもう一度、シングルスをします。

❶**指示** ラリーをします。できるだけ相手と離れます。

↓

❷**発問** シャトルを遠くへ飛ばすためにはどうすればよいか。

評価の観点 腕を内側にひねる。肘と脇の間を90度くらい開く。

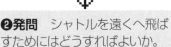

↓

❸**発問** シャトルは相手コートのどこをねらえばよいか。

評価の観点 相手コートの空いているところをねらう。

↓

❹**発問** 得点を得るためにどのような作戦を立てたらよいか。

評価の観点 相手を揺さぶるように前後左右に動かす。

↓

❺**学習カードで評価する**

□成果の確認をする。

□課題の把握をする。

2 NG事例

（1）初めから公式ルールを適用する。

（2）ケガ防止に、足首、腕、肩、腰などのストレッチを十分に行っていない。

（3）ラケットの扱い方、シャトルが眼や身体に当たることの危険性を事前に伝えていない。

3 **場づくり**

準備物／ラケット（各自）、シャトル（ペアで1つ）

（1）「習得の段階」……1〜2人での基本的な動きを習得する。

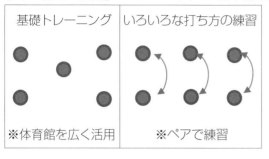

（2）「活用の段階」……2人でバドミントンに必要となる基本的な技能を身につける。

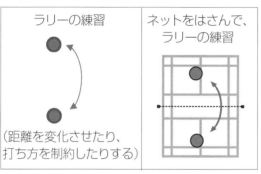

（3）「探究の段階」……簡素化されたゲームを通して、攻守の動きを獲得する。

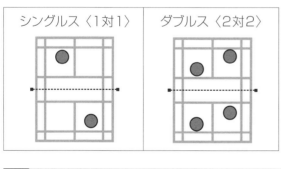

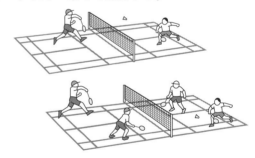

4 **協働的な学びをつくる体育的コミュニケーション**

　クラス全体、またはパートナーで話し合う時間を設定する。そこで、シャトルの打ち方、攻防の動き方の工夫（ダブルスであれば、パートナーとの連係の工夫）、相手コートのどこをねらって打つのか、シャトルを打った後どこに移動すればよいのか、などを話し合いたい。そして、どの子供も参加できる簡易化されたゲームとなるようにルールの工夫も話し合わせる。

　そして、協働的な学びを通して、子供たちにバドミントンの魅力である「素早い攻守の切り替えの動き」を習得させる。また、バドミントンのゲームに必要な技能として、シャトルをコートの端から端まで飛ばすことができる技能、ラリーを続けることができる技能、相手のコートの空いている場所をねらう技能なども習得させる。ここで習得した技術や技能が、ゲーム・ボール運動ネット型のソフトバレーボール、プレルボールやテニスなどの学習にもつながっていく。

5 方法・手順

（1）「習得の段階」

①基礎トレーニングをする。　②いろいろな打ち方があることを知り、練習する。

　　▼素振り　　　▼サービス練習　　　▼ストローク　　　▼ドライブ　　　▼ロビング

（2）「活用の段階」

③ラリーの練習をする（相手との距離を変化させたり、打ち方を制約したりする）。

　ア）落ちなければ、一歩下がって相手と距離をとる。

　イ）いろいろな打ち方をラリー中に入れる。

④ネットを挟んで、ラリーの練習をする。

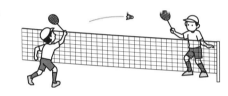

　ウ）攻撃と守備を意識しながらラリーを行う。

（3）「探究の段階」

⑤簡素化されたゲームをする（シングルス〈1対1〉or ダブルス〈2対2〉）。

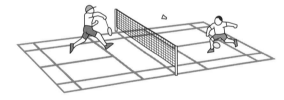

⑥作戦会議を開く。作戦やルールの工夫を話し合い、発表する

　エ）ルールの工夫は、例えば、ゲームポイントを11点マッチ、サービスは2本交代、スマッシュはなし、コートを広くするなどが考えられる。

6 コツ・留意点

（1）相手コートの空いている場所をねらって打つ。

（2）上からのショットでは、上腕と脊椎の間（脇）の角度、上腕と前腕の間（肘）の角度がどちらも90〜110度くらいがシャトルに力が伝わりやすい。

（3）攻撃した後、すぐに防御できるように構えの態勢、位置に戻るようにする。

（4）防御した後、すぐに攻撃できるような構えの態勢、位置に戻るようにする。

7 ICTを活用した授業プラン

（1）いろいろな打ち方の見本となる動画を見せて、記録した自分の打ち方の動画と比較させ、どこが違うのか考えさせる。そして、自分の課題となった打ち方を練習させる。

（2）自己や仲間がゲーム中に行っていた攻守の動き方の工夫や作戦などについて、記録した動画を活用して他者に伝える。

「バドミントン（その2）」

年　　組　　番（　　　　　　　　　　　）

レベル	内容	やり方	振り返り
1 基礎的な練習 **技(わざ)と自己評価(じこひょうか)のポイント** 基礎トレーニングをする。 ◎→サービスが打てる ○→リフティングができる △→素振りができる		素振り　リフティング　サービス練習	月　　日 ・ ・ ・ できばえ ◎ ○ △
2 いろいろな打ち方の練習 いろいろな種類の打ち方をする。 ◎→3種できる ○→2種できる △→1種できる		いろいろな打ち方を練習する	月　　日 ・ ・ ・ できばえ ◎ ○ △
3 ラリー ラリーを続ける。 ◎→10回以上できる ○→5回以上できる △→1回以上できる		ラリーを続ける	月　　日 ・ ・ ・ できばえ ◎ ○ △
4 シングルスゲーム 1対1(シングルス)。 ◎→作戦を立てできる ○→ルールを守りできる △→楽しくできる		相手コートの空いているところをねらう	月　　日 ・ ・ ・ できばえ ◎ ○ △
5 ダブルスゲーム 2対2(ダブルス)。 ◎→作戦を立てできる ○→ルールを守りできる △→協力してできる		パートナーと作戦を立ててゲームする	月　　日 ・ ・ ・ できばえ ◎ ○ △

―――● 学習カードの使い方：できばえの評価 ●―――

レベルの評価： ◎よくできた／○できた／△もう少し
※振り返りには、「自分で気づいた点」と「友達が見て気づいてくれた点」の両方を書きます。

⑥テニス（その1）

岡 拓真

1 展開

(1) 学習のねらい

①いろいろなラケットとボールを使って、基本的なラケット操作を身につけることができる。

②テニピンのラケットとボールを使って、2人でゲームを楽しむことができる。

(2) 学習のねらいを体現する発問・指示・対話的な活動

主体的な学びの発問・指示→ボールキャッチをします。どのような工夫が必要ですか。

対話的な学びの発問・指示→2人組でラリーを続ける時、どんなことに気をつけますか。

深い学びの発問・指示→相手のコートを攻める時は、どのようにしますか。

指示1 ラケットでボールを上につきます。

指示2 ラケットの裏でボールをつきます。

指示3 ラケットの裏表交互につきます。

指示4 ラケットでボールを着きながら歩きます。

指示5 ラケットで裏表交互につきながら歩きます。

指示6 できた人は走ってみましょう。

指示7 ボールを下に10回つきます。

指示8 ボールを下につきながら10歩歩きます。

指示9 ボールを下につきながら走ります。

指示10 ボールキャッチをします。

指示11 壁打ちをします。10回できたら先生に報告。

対話的な活動1 2人で長くラリーを続けるためにはどんなことに気をつけたらよいですか。

指示12 2人で壁打ちをします。10回できたら座ります。

指示13 2人組をつくり2対2で壁打ちをします。同じ人が2回連続で打つことはできません。10回できたら先生に報告。

対話的な活動2 同じ人が2回打たないでラリーを続けるためにはどんなことに気をつけたらよいですか。

指示14 ネットを挟んで2人でラリーをします。

指示15 ネットを挟んで2人ゲームをします。

指示16 ネットを挟んで2対2のゲームをします。

2 NG事例

(1) 学習カードを見ながら活動できない。

(2) ボール操作が上手くできない。

❶**指示** ラケットでボールを上につきます。

※「ボールを下につく」「ボールキャッチをする」「壁打ちをする」も同様に進める。

×は❶へ

↓

❷**指示** 15回できたら裏でやります。裏でもできたら。裏表交互に挑戦します。

×は❷へ

↓

❸**指示** いろいろなラケットとボールでやってみます。

A テニピンラケット＋スポンジボール

B 卓球ラケット＋ピンポン球

C しゃもじ＋スーパーボール

評価の観点 自分に合った課題に取り組んでいる。

↓

❹**学習カードで評価する**

□成果の確認をする。

□課題の把握をする。

3 場づくり

準備物／カラーコーン、コート作成用マーカープレート、すずらんテープ（ゴムひも）、ソフトテニスボール（スポンジボール）、卓球のラケット、ピンポン球、しゃもじ、スーパーボール

（1）「習得の段階」……『個人技能』基本的なボール操作の技能を習得する。

ラケットの上でボールをつく／ラケットでボールをつく（ドリブルする）	
① ラケットの上でボールをつく。 ② ラケットの裏面でボールをつく。 ③ ラケットで表裏交互にボールをつく。 ④ ボールをつきながら歩く。 ⑤ ボールをつきながら走る。	⑥ 2人でボールをつく。 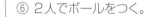

壁打ちをする	
① 1人で壁打ちをする。 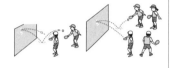	② 2人で壁打ちをする。 ③ 2対2で壁打ちをする。

（2）「活用の段階」……『個人技能＋集団技能（ダブルス）』2人で協力してラリーをする。

①ネットを挟んで2人でラリーをする。 できるだけ長くラリーを続ける。 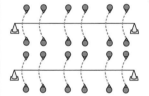	②ネットを挟んで2対2でラリーをする。 ※慣れてきたら、同じ人が連続で打たないようにする。 

（3）「探究の段階」……『集団技能（ダブルス）』2人で協力して試合を楽しむ。

①2対2でゲームをする。 勝ったら1コートの方へ上がる。 負けたら6コートの方へ下がる。 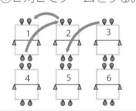	②2対2でゲームをする。 ※同じ人が連続で打てない。 ※サーブは一度ボールをついてから打つ。 

4 協働的な学びをつくる体育的コミュニケーション

「個人練習」で基本的なラケット操作の技能を習得したら、2人1組で練習をする。学習カードを用いながら、2人1組で練習することにより、お互いの動きを見て声をかけ合うコミュニケーションが生まれる。

　2人ラリーをする際は、声をかけ合いながら、どうすれば長く続けられるか話し合わせる。「相手の打ちやすいところに返す」「相手の右手側に打つ」ようにするとラリーが続くことに気づかせる。

　ゲームでは相手より長く続けることを意識する。慣れてきたら、相手のいない所に打つように攻め方を工夫させる。

5 方法・手順

（1）「習得の段階」……学習カードを用いて1人で練習する→2人1組で練習する。

　①ラケットの上で1〜15回ボールをつく。連続でなくてもよい。できたら裏面で1〜15回。表裏交互で1〜15回行う。難しい子供は、その都度地面にボールをついて打ってもよい。

　②ボールを下について1〜15回ドリブルする。ドリブルしながら歩く→走る→体育館を1周、と課題を発展させていく。できてきたら、2人1組で1回ずつ交互に下につく。2人1組で1回ずつドリブルしながらが体育館を1周する。

　③ボールキャッチをする。1〜5回。

　④1人で壁打ちをする。1〜10回。慣れてきたら、ツーバウンドさせないようにする。

（2）「活用の段階」……学習カードを用いて1対1でラリーをする→2対2でラリーをする。

　⑤2人で壁打ちをする。1〜20回。ツーバウンドさせないようにラリーを続ける。

　⑥ネットを挟んでラリーをする。相手のフォアハンドになるようにボールをコントロールする。

　⑦2対2の4人で壁打ちをする。慣れてきたら、同じ人が連続で打たないようにする。自分が打った後の動きと、相手が打つボールを予想した動きを意識させる。

　⑧ネットを挟んで2対2でラリーをする。慣れてきたら、同じ人が連続で打たないようにする。自分が打った後の動きと、相手が打つボールを予想した動きを意識させる。相手がフォアハンドで打つ時と、バックハンドで打つ時のボールの方向を予想して、待球姿勢を取るようにする。

（3）「探究の段階」……学習カードを用いて1対1でゲームをする→2対2でゲームをする。

　⑨勝ったら上のコートに上がる。負けたら下のコートに下がる。1試合の時間を5分として、同点だった場合はジャンケンとする。得点を確認し、最終的に1コートにいたペアが優勝とする。

6 コツ・留意点

（1）「テニピン」を正しく活用して、個人練習を行えるようにする。

（2）テニピンのラケットは100円ショップの「園芸用ひざ当て」を2つ合わせたものや、段ボールを合わせて作ったものなどを代用することができる。

（3）ラケットの手のひら面で打つことをフォアハンドと言い、手の甲の面で打つことをバックハンドと言う。ラケット競技は概ねバックハンドで打つ方が苦手であると言われているので、作戦を立てる際のヒントとして伝える。

7 ICTを活用した授業プラン

（1）「テニピンスキルアップカード」をタブレットなど端末に入れ、持ち歩いて利用する。学習カードの「1　1人でボールをつく①」から「3　ボールキャッチをする」までは、タブレットの映像を見ながら家でも練習できるようにする。

（2）試合を録画し、強いチーム（ペア）の試合を見て分析する。

（3）Googleスプレッドシートに対戦表を作り、試合結果を記入できるようにする。

「テニス（その1）」

年　　　組　　　番（　　　　　　　　　　　）

レベル	内容	やり方	振り返り
1 1人でボールをつく① 技と自己評価のポイント ラケットの上でボールをつく。 ◎→15回以上できた　○→6〜14回できた　△→1〜5回できた		連続でつくのが難しい場合、バウンドさせながらでもよい	月　　　日 ・ ・ ・ できばえ ◎ ○ △
2 1人でボールをつく② ボールを下についてドリブルする。 ◎→体育館を1周できた ○→体育館の壁から壁までできた △→1〜5回できた		ゆっくり歩いてもよい	月　　　日 ・ ・ ・ できばえ ◎ ○ △
3 ボールキャッチをする ラケットでボールをキャッチする。 ◎→5回できた　○→2回できた △→1回できた		キャッチする時はひざを柔らかく使って少し曲げる	月　　　日 ・ ・ ・ できばえ ◎ ○ △
4 壁打ちをする 1人で壁打ち→2人で壁打ちをする。 ◎→2人で20回以上できた ○→2人で10回できた △→1人で1〜10回できた		ボールがくる場所を予想して動こう	月　　　日 ・ ・ ・ できばえ ◎ ○ △
5 2人でラリーをする ネットをはさんで2人で打ち合う。 ◎→15回以上ラリーができた ○→6〜14回ラリーができた △→1〜5回ラリーができた		相手のラケット側をねらうとラリーが続く	月　　　日 ・ ・ ・ できばえ ◎ ○ △
6 2対2でラリーをする ネットをはさんで2対2で打ち合う。 ◎→2対2のゲームを楽しんだ ○→6〜15回ラリーができた △→1〜5回ラリーができた		相手のボールを予想して動こう	月　　　日 ・ ・ ・ できばえ ◎ ○ △

● 学習カードの使い方：できばえの評価 ●

レベルの評価：◎よくできた／○できた／△もう少し
※振り返りには、「自分で気づいた点」と「友達が見て気づいてくれた点」の両方を書きます。

⑦ テニス（その2）

辻 拓也

1 展開

（1）学習のねらい

①ボール操作とボールを持たない動きによって、自陣から相手コートに向かって相手が捕りやすいボールを返球したり、捕りにくいボールを返球したりしてゲームをすることができる。

②自己やチームの特徴に応じた工夫をしてゲームができる。

（2）学習のねらいを体現する発問・指示・対話的な活動

主体的な学びの発問・指示→打つ時、体の向きはネットに対してどうなっていますか。

対話的な学びの発問・指示→何が難しく、何に困りましたか。どんな工夫でよくなりますか。

深い学びの発問・指示→相手コートからボールを返しにくくするにはどうしたらよいですか。

説明1	向こうのコートから入ってきたボールを向こうのコートにボールを入れることをラリーと言います。
指示1	2人1組になって、ラリーをします。できるだけ長くラリーを続けなさい。
指示2	ボールがバウンドする時に、軸足を踏み込みなさい。
発問1	打つ時、体の向きはネットに対してどうなっているとよいですか。　ア)垂直　イ)平行
指示3	2対2で、ダブルスのゲームをします。
説明2	相手からボールが返ってこなかったら1点。ペアで交互に打ちます。時間は2分です。
発問2	何が難しく、何に困りましたか。
対話的な活動1	どんな工夫をするか相談しなさい。
指示4	もう一度、ダブルスのゲームをします。
発問3	相手コートからボールを返しにくくするにはどうしたらよいですか。
対話的な活動2	どんな工夫をするか相談しなさい。
指示5	もう一度、ダブルスのゲームをします。
指示6	成果や課題を学習カードに記入します。

2 NG事例

（1）一部の上手な子供だけラリーが続く。

（2）ペアの一方の子供だけが活躍する。

（3）工夫が思いつかないペアに具体例を示さない。

❶**指示**　2人1組になって、ラリーをします。できるだけ長くラリーを続けなさい。

↓

❷**指示**　ボールがバウンドする時に、軸足を踏み込みなさい。

評価の観点　打ちやすい場所を見つけて、移動している。

×は❷へ

↓

❸**発問**　何が難しかったですか。何に困りましたか。

評価の観点　自己やチームの特徴に応じた工夫を伝え合う。

×は❸へ

↓

❹**発問**　相手コートからボールを返しにくくするにはどうしたらよいですか。

評価の観点　自己やチームの特徴に応じた工夫を伝え合う。

↓

❺**学習カードで評価する**

□成果の確認をする。

□課題の把握をする。

❸ 場づくり

準備物／スポンジボール、ラケット、ネット、支柱、カラーコーン

（1）「習得の段階」……『個人技能』基本的なボール操作、ボールを持たない動きを習得する。

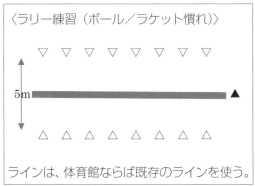

〈ラリー練習（ボール／ラケット慣れ）〉

5m

ラインは、体育館ならば既存のラインを使う。

①

②

③

（2）「活用の段階」……『個人技能＋集団技能』ラリーを続けられる動きを身につける。

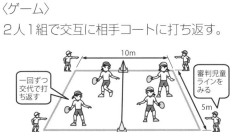

〈ゲーム〉

2人1組で交互に相手コートに打ち返す。

10m

一回ずつ
交代で打
ち返す

審判児童
ラインを
みる

5m

2分間で終了。待機チームと交代する。

バドミントンコートの高さをシートで覆い相手コートを見えない状態で打ち合う。滞空時間が長く、返しやすい。ネットがない場合は、コーンやひもを使って、センターラインを示す。

（3）「探究の段階」……『個人技能＋集団技能』攻守一体の動きを身につける。

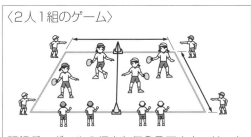

〈2人1組のゲーム〉

記録係。ボールの行方を伝えるアナウンサーと記録するライター・カメラマンの2人組で行う。

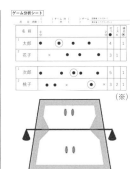

ゲーム分析シート

名前							打った数	ミス	得点
太郎		◉	●	●	●		4		1
花子	×	●	●	●			3	1	
次郎			◉	●	●		5		1
桃子	●	●	×		◉	×	3	2	1

（※）

ゲームを、時系列に打った数、ミス、得点を記録し、作戦会議で利用する。相手が返しにくい部分（灰色）（ブレーデン（米）氏のデザインを参考にした図）を、画像を示して教える。

❹ 協働的な学びをつくる体育的コミュニケーション

声かけの仕方を教える。「ナイスボイス」と「どんまいボイス」と、キーワード化して示す。

活動中に「すごくいい！」「うまい！」と声をかけたペアがあったら、全員を集め、よい声があったことを伝える。1つのプレーごとに「ナイス！」とよいことを伝えあったり「ドンマイ！」と励ましあったりするように伝える。ゲームでラリーが安定して続くようになったら、ゲームの記録を取り、他チームのよさや弱点を伝え合う。「左右を交互に打とう」「前後に動かそう」などの作戦を考えさせたり、「5回返す」といったチームの目標を決めたりする時間を取る。

（※）このゲーム分析シートは次ページ「5 方法・手順」のQRコードから閲覧・ダウンロードが可能です。

5 方法・手順

（1）「習得の段階」……ボール操作、ボールを持たない動きを習得する。

　　2人組で5m程度の距離で向かい合い、ボールを打ち合う。打ちやすい場所に移動する時のポイントは「ボールが弾む時に軸足の位置を決める」と教え、個別に評価する。

　　①弾む時に軸足の位置を決める。②一番高い時に打ち始める。③踏み込む足に体重移動する。

（2）「活用の段階」……『個人技能＋集団技能』ラリーを続けられる動きを身につける。

　　④2人対2人で、ネット越しのゲームを行う。バドミントン支柱の高さに幕を張って　相手のコートが見えない中でラリーする。ゲームが終わった後、難しかったこと、困ったこと、を発表させ、どのような工夫をするとよいか、作戦会議を行わせる。

　　⑤幕を取り、ネットの高さ80cm程度でゲームを行う。作戦会議で考えた工夫や作戦を試す。試した後、振り返り、難しかったり困ったりしたことを話し合わせる。

（3）「探究の段階」……『個人技能＋集団技能』攻守一体の動きを身につける。

　　⑥記録を取らせる。　　⑦記録を分析し、作戦会議を行う。　　⑧返球されにくい位置を探す。

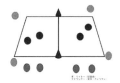 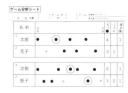

▲ゲーム分析シート

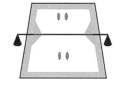

6 コツ・留意点

（1）苦手な子供には、ボールをビブスに変えて、手でキャッチさせる。次に風船にして地面に落ちないように手で打たせる。さらにバウンドしたボールを手で触り、安定して手で当たるようになってから、バウンドするボールを打たせる（2バウンドOKのルールにする）。

（2）ラリーを「続ける」ためには、ボールが来る前にコートの真ん中に立つことを教える。「打ち勝つ」段階では、返しにくい場所をイラストで示して、どこをねらうかを考えさせる。

7 ICTを活用した授業プラン

（1）動きを動画で撮影させた後、「ボールがバウンドした時、軸足はどこにありますか」など、場面や部位を細かく限定して問い、動きを検討させる。

（2）上手なプレーを2つ画面上に並べ、よいプレーの共通点はどこかを分析させるために、プレーを撮影させて、「プレーヤーはどこにいますか」と問い、立ち位置を検討させる。

（3）得（失）点の場面を比べさせて、「ボールはどこに打ちましたか／返ってきましたか」と問い、ボールの位置の違いを検討させ、次のゲームでのプレーの作戦や動きの工夫を検討させる。

これでバッチリ！ レベルアップ学習カード
「テニス（その2）」

年　　　組　　　番（　　　　　　　　　　）

レベル	内容	やり方	振り返り
1	**基本的なボール操作①** 技（わざ）と自己評価（じこひょうか）のポイント （ラリー練習①） ◎→打ちやすい位置に軸足を置いた ○→弾む時に軸足を踏めた △→軸足の位置を決めた	弾む時に軸足の位置を決める	月　　　日 ・ ・ ・ できばえ　◎　○　△
2	**基本的なボール操作②** （ラリー練習②） ◎→3回連続相手コートに打ち返せた ○→相手コートに打ち返せた △→ラケットにボールを当てた	打つ時は体を地面に垂直にして、体重移動	月　　　日 ・ ・ ・ できばえ　◎　○　△
3	**2対2のゲーム①** 2対2のラリーゲーム（幕あり）。 ◎→ラリーが5往復以上続いた ○→ラリーが3往復続いた △→ラリーが1往復できた	向こうのコートにボールを入れる	月　　　日 ・ ・ ・ できばえ　◎　○　△
4	**2対2のゲーム②** 2対2のゲーム（幕なし）。 ◎→チームのよさを発見できた ○→記録をつけることができた △→記録を協力してできた	ゲームの記録をつける	月　　　日 ・ ・ ・ できばえ　◎　○　△
5	**2対2のゲーム③** 2対2のゲーム（幕なし）。 ◎→返しにくいところに2回以上打てた ○→返しにくいところに1回打てた △→協力してプレーできた	返しにくい返球を打ち、作戦をゲームで試す	月　　　日 ・ ・ ・ できばえ　◎　○　△

学習カードの使い方：できばえの評価

レベルの評価：◎よくできた／○できた／△もう少し
※振り返りには、「自分で気づいた点」と「友達が見て気づいてくれた点」の両方を書きます。

① ソフトボールを基にした 簡易化されたゲーム（その１）

大中州明

1 展開

（１）学習のねらい

①できるだけ得点を与えないような、守備の隊形をとって、ゲームをすることができる。

②チームや自己の課題を設定して、互いに協力して、ゲームをすることができる。

（２）学習のねらいを体現する発問・指示・対話的な活動

主体的な学びの発問・指示→守備は、誰がどこに立ったらよいですか。

対話的な学びの発問・指示→より早くアウトにするには、どうしたらよいですか。

深い学びの発問・指示→打球の向きによって、誰がどう動けばよいですか。

指示１　ボールを右手左手で5回ずつ投げます。

指示２　ボールをゴロで左右5回ずつキャッチします。

指示３　トスバッティングを10回します。

指示４　試しのゲームをします。

発問１　守備は、誰がどこに立ったらよいですか。

指示５　進塁阻止ゲームをします。

対話的な活動１　チームが勝つには、どんな作戦を立てたらよいか、作戦会議を開きます。

発問２　より早くアウトにするにはどうしたらよいですか。

説明１　より早くアウトにするには、打者が打つ前に送球する塁を決めておく、捕球した人に声で合図するなどがあります。

指示６　工夫した進塁阻止ゲームをします。

対話的な活動２　チームで作戦会議を開きます。

発問３　打球の向きによって、誰がどう動けばよいですか。

説明２　打球を追いかけない人は、こぼれたボールを拾う、先回りしてアウトゾーンで待つなどの動きがあります。

指示７　成果や課題を学習カードに記入します。

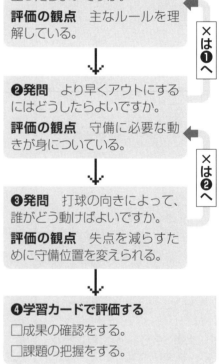

❶発問 守備は、誰がどこに立ったらよいですか。

評価の観点 主なルールを理解している。

×は❶へ

❷発問 より早くアウトにするにはどうしたらよいですか。

評価の観点 守備に必要な動きが身についている。

×は❷へ

❸発問 打球の向きによって、誰がどう動けばよいですか。

評価の観点 失点を減らすために守備位置を変えられる。

❹学習カードで評価する

□成果の確認をする。

□課題の把握をする。

2 NG事例

（１）グローブが必要な、硬いボールを使用してゲームをする。

（２）四球、三振ありのゲームをする。

（３）作戦の立て方が分からないチームに、作戦例を紹介しない。

3 場づくり

準備物／ソフトボール（ウレタンやゴム素材）、バット、テニスラケット、ベース、フラフープ

（1）「習得の段階」

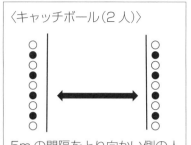

〈キャッチボール（2人）〉

5mの間隔をとり向かい側の人とまっすぐやゴロ球をキャッチボールする。

▼キャッチボール

▼ゴロキャッチ

慣れてきたら、ボールを左右に投げキャッチする人が動く。

（2）「活用の段階」……『進塁阻止ゲーム』守備に必要な動きを身につける。

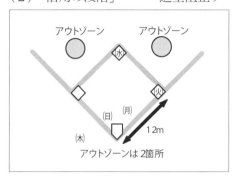

アウトゾーン　アウトゾーン
（水）
（火）
（日）（月）
（木）　12m
アウトゾーンは2箇所

（3）「探究の段階」……『工夫した進塁阻止ゲーム』打球に合わせた守備の動きを獲得する。

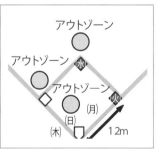

アウトゾーン
アウトゾーン
（水）
アウトゾーン
（月）（火）
（日）
（木）　12m

3塁側守備固め作戦

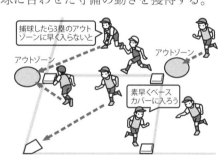

捕球したら3塁のアウトゾーンに早く入らないと
アウトゾーン　アウトゾーン
素早くベースカバーに入ろう

4 協働的な学びをつくる体育的コミュニケーション

　ベースボール型の運動は、間合いが多い運動である。そのため、間合いを活かした考える場面（作戦タイム）を頻繁に設けることができる。例えば、「より早くアウトにするには、どうしたらよいですか」と発問する。「〇〇に投げろと声で合図する」「打者が打つ前に送球する塁を決めておく」などの発言が出るだろう。これをチームで共有したい。よい動きを取り入れようと子供同士のコミュニケーションが増え、動きがよくなっていく。また、子供同士が「まわれまわれ」「3塁のアウトゾーンへ走り込め」と応援し、「ドンマイ」「次がんばって」と励まし合うことで、仲間との関わりや協力することの楽しさも味わうことができる。

5 方法・手順

（1）「習得の段階」……基本的なボールの投げ方、捕り方、打ち方を習得する。

①キャッチボール。

②ゴロキャッチ。

③トスバッティング。

相手の胸に向かって投げる。

ゴロは体の正面・へその下でキャッチする。

1〜2m離れたところからトスされたボールを打つ。打つ方向に向かって、へそとつま先をねじる。

（2）「活用の段階」……進塁阻止ゲームを行い、守備に必要な動きを身につける。ボールは捕球した場所から一番近いアウトゾーンに戻す。

④上手なチームの動きを取り上げ守りのコツを発見する。

〈例〉こぼれたボールを拾う　先回りしてアウトゾーンで待つ、捕球した人に声で合図する、打者が打つ前に送球する塁を決めておく、など。

> 〈主なルール〉
> ・攻撃はランナー1、2塁の状態から。
> ・味方がトスしたボールを打つ。
> ・三振四球なし。打者は走らない。
> ・ランナーが塁を進むごとに1点。
> ・守備チームの2人とボールがアウトゾーンに入った時点でアウト。
> ・フライをキャッチした場合0点。
> ・①→②→③→④→⑤の順に役割を交代する。①バッター、②ピッチャー、③1塁ランナー、④2塁ランナー、⑤応援。
> ・全員が打ち終わると攻守交代。

（3）「探究の段階」……工夫した進塁阻止ゲームを行い、打球に合わせた全員の守備の動きを獲得する。ボールはランナーの進塁先のアウトゾーンに戻す。

⑤守備で打球に合わせた全員の動きを獲得する。

⑥作戦会議を開く。ゲームの結果をもとにチームで話し合う。作戦を立てたり選んだりしてその作戦を試す。

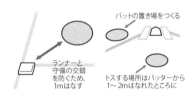

パットの置き場をつくる

ランナーと
守備の交錯
を防ぐため、
1mはなす

トスする場所はバッターから
1〜2mはなれたところに

6 コツ・留意点

（1）守備時の配慮として、守備の位置やアウトを取るための行動例を示し、確認する。
〈例〉ボールをアウトゾーンへ投げる、こぼれたボールを拾う、先回りしてアウトゾーンで待つ、捕球した人に声で合図する、打者が打つ前に送球する塁を決めておく、など。

（2）攻撃時の配慮として、ファウルボール以外にも、フェアボールだが、打球がホームベース付近で転がっているような場合に、打ち直しを認めるようなルールの工夫をする。

7 ICTを活用した授業プラン

（1）「より早くアウトにするには、どうしたらよいですか」と発問し、動画から友達のよい動きを分析させ、上手に守備をするコツを発見させる。〈例〉捕球時、ランナーがどこまで進塁するかを判断し、アウトゾーンにボールを送ったり声をかけたりすることができているか。

（2）ゲームでの守備の隊形を撮影しておき、ゲーム後に、自チームや相手チームの守備位置の映像を比較させ、自チームのよいところを発見させる。〈例〉守備をしている時、打球が多く飛んできた場所に、守備する人を多く配置することができているか。

「ソフトボールを基にした簡易化されたゲーム（その1）」

年　　組　　番（　　　　　　　　　　　　　）

レベル	内容	やり方	振り返り
1	キャッチボール 技（わざ）と自己評価（じこひょうか）のポイント 右手で5回、左手で5回投げる。 ◎→相手の胸に投げる（9〜10回） ○→相手の胸に投げる（4〜8回） △→相手に向かって投げる	相手の胸に向かって投げる	月　　日 ・ ・ ・ できばえ　◎　○　△
2	ゴロキャッチ ゴロを左右5回ずつキャッチ。 ◎→体の正面・へその下でキャッチ （7〜10回） ○→ゴロをキャッチする（4〜6回） △→ゴロをキャッチする（0〜3回）	ゴロは体の正面・へその下でキャッチする	月　　日 ・ ・ ・ できばえ　◎　○　△
3	トスバッティング トスされたボールを10回打つ。 ◎→へそとつま先をねじって打つ（7〜10回）／○→トスされたボールを打つ（4〜8回）／△→トスされたボールを打つ（0〜3回）	打つ方向に向かって、へそとつま先をねじる	月　　日 ・ ・ ・ できばえ　◎　○　△
4	進塁阻止ゲーム より早くアウトにするための行動を取る。 ◎→声で合図し、アウトゾーンに戻した ○→アウトゾーンに戻した △→アウトゾーンに戻そうとした	アウトゾーン　アウトゾーン （日）（月） （木）　12m アウトゾーンは2箇所 ボールはアウトゾーンに戻す	月　　日 ・ ・ ・ できばえ　◎　○　△
5	工夫した進塁阻止ゲーム 打球の向きによって守備位置を変える。 ◎→打球の向きによって守備位置を変える／○→打者が打つ前に守備位置を変える／△→守備位置を変えようとした	アウトゾーン アウトゾーン アウトゾーン （月） （木）（日）　12m アウトゾーンは3箇所 ボールはランナーの進塁しようとする近くのアウトゾーンに戻す	月　　日 ・ ・ ・ できばえ　◎　○　△

学習カードの使い方：できばえの評価

レベルの評価： ◎よくできた／○できた／△もう少し

※振り返りには、「自分で気づいた点」と「友達が見て気づいてくれた点」の両方を書きます。

② ソフトボールを基にした 簡易化されたゲーム（その2）

髙玉ひろみ

1 展開

（1）学習のねらい

①易しく投げられたボールをバットでフェアグラウンド内に打つことができる。

②守備の隊形を工夫することができる。

③自己やチームの課題やよさを伝えることができる。

（2）学習のねらいを体現する発問・指示・対話的な活動

主体的な学びの発問・指示→遠くに飛ばすためには、どこで打つとよいですか。

対話的な学びの発問・指示→（アウトにするための）コーンはどこに置くとよいですか。

深い学びの発問・指示→守備の隊形は、どのようにするとよいですか。

指示1　斜め前からフワッと投げられたボールを打ちます。

発問1　遠くに飛ばすためには、どこで打つとよい
　　　　です。

　　　　A）体より前　B）体の横　C）体より後ろ

指示2　バッティングゲームをします。

指示3　守備をつけます。守備は打球を素早く捕り
　　　　ます。

説明1　攻守に分かれてゲームをします（ゲームI直
　　　　線型）。攻撃側は直線上に置かれたマーカー
　　　　を回ってホームに戻ります。守備側は、捕
　　　　球後に全員がコーンの後ろに並んだら「ア
　　　　ウト」と言って座ります。

発問2　コーンはどこに置くとよいですか。

対話的な活動1　チームで作戦会議を開きます。

説明2　マーカーの位置を変えます（ゲームIIダイ
　　　　ヤモンド型）。守備側のルールは同じです。
　　　　攻撃側は、アウトと言われるまで、1塁、
　　　　2塁、3塁、ホームと進塁し、進んだ塁の
　　　　点数が入ります。最大4点です。

発問3　守備の隊形は、どのようにするとよいですか。

対話的な活動2　チームで作戦会議を開きます。守
　　　　備の隊形やコーンの位置を工夫します。

指示4　相手チームのよかったところを発表します。

指示5　成果や課題を学習カードに記入します。

❶発問　遠くに飛ばすためにはどこで打つとよいですか。

評価の観点　体より前で打っている。

×は❶へ

❷発問　コーンをどこに置くとよいですか。

評価の観点　全員が素早く集まることができる位置にコーンを置いている。

×は❷へ

❸発問　守備の隊形は、どのようにするとよいですか。

評価の観点　チームの課題に応じた守備の隊形を決めることができる。

❹学習カードで評価する

□成果の確認をする。

□課題の把握をする。

2 NG事例

（1）ボールに慣れる時間を十分確保していない。

（2）全員がゲームに参加できるルールの工夫がない（守備の時に一歩も動かない、など）。

（3）守備の隊形をどうしたらよいか分からないチームに、隊形例を紹介しない。

3 場づくり

　準備物／バット、ボール、コーン（守備のアウト用）、マーカー（ベースの代用）

（1）「習得の段階」……『個人技能』基本的なボール操作の動きを習得する。

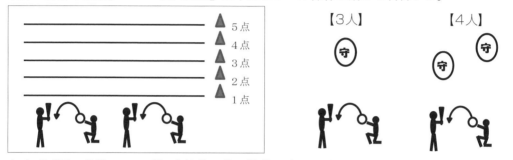

（2）「活用の段階」……『個人技能＋集団技能』攻めや守りに必要な動きを身につける。

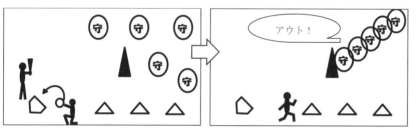

（3）「探究の段階」……『集団技能』集団で攻守に分かれて動きを獲得する。

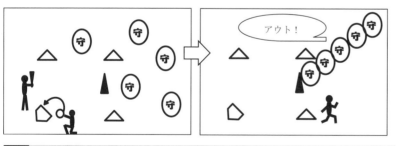

4 協働的な学びをつくる体育的コミュニケーション

　習得の段階では、「バッティングゲームで多くの得点を取ろう！」という活動を設ける。「バットは長くor短く持つのか」「どこで打つのか」「トスはどこをねらうのか」などの視点を与えることで、「もう少し高いトスがよい」「もっと前で打とう」と工夫する様子が見られる。

　活用・探究の段階では、「コーンをどこに置くか」「誰がどこを守るか」など、守備に焦点をあてて作戦会議の時間を設ける。「キャッチの得意な人は……」「走るのが速い人は……」「大きな声が出る人は……」のように、子供たちは意見を出し合い、チームの課題に応じた作戦を立てることができる。協働的な学びを通して、さらに楽しくゲームを進めることができる。

5　方法・手順

（1）「習得の段階」……キャッチボール、バッティングゲーム（守備なし→守備あり）を行う。

①送球・捕球（キャッチボール）。　②易しく投げられたボールを打つ（バッティングゲーム）。

③打たれたボールをキャッチする（3〜4人）。

　「易しく投げられたボールを打つ（バッティングゲーム）」に守備をつける。守備は1〜2人。

（2）「活用の段階」……ゲームⅠ（直線型）を行う（5対5）。

④ゲームⅠ（直線型）。

　バッティングの後に走塁を加えることで、正規のゲームに近づく。

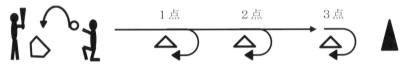

　攻撃側は、打ったらマーカーを回ってホームに戻る。どのマーカーを回るか判断することが重要となる。トスは味方が上げる。全員が打ったら攻守を交代する。守備側は、捕球後に全員がコーンの後ろに並び「アウト」と言って座る。コーンの位置は変更可。

（3）「探究の段階」……ゲームⅡ（ダイヤモンド型）を行う（5対5）。

⑤ゲームⅡ（ダイヤモンド型）。

　攻撃側が走るルートをダイヤモンド型にすることで、さらに正規のゲームに近づく。守備の隊形やコーンの位置などをチームで話し合う。

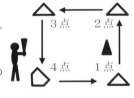

⑥技能や習熟に応じたルール変更（広さを変える、アウトにするためのコーンを増やす、など）。

6　コツ・留意点

（1）バッティングでは、ボールは体より前で打つ。体の回転を使ってさらに遠くへ飛ばすことができる。トスを上げる人と、打つ位置やトスの高さ、おへその向きなどを確認する。

（2）打つまでボールから目を離さない。打ったら全力で走塁する。

（3）安全のため「打球後はバットをここに置かないと0点」等のルールを決めることも可。

7　ICTを活用した授業プラン

（1）「上手に打つための秘密を探そう！」という活動を設ける。撮影した自分の動きと上手な友達の動きを比較させ、上手に打つためのコツを発見させる。

（2）タブレットで守備の見本映像をいくつか見られるようにする。守備の隊形や人の配置、コーンを置く位置など、作戦会議の参考にさせる。

（3）ゲームの動きをタブレットで撮影し、動きを分析させる。どのように得点されることが多いのかを確認させ、守備の隊形や人の配置など、次のゲームの作戦を立てさせる。

「ソフトボールを基にした簡易化されたゲーム（その2）」

年　　組　　番（　　　　　　　　　）

レベル	内容	やり方	振り返り
1 キャッチボール **技と自己評価のポイント** ◎→「投げる」「捕る」の両方ともコツを意識してできた ○→片方は意識してできた △→キャッチボールできた		肘は肩より高く・先に肘が前・正面で捕る	月　　日 ・ ・ ・ できばえ ◎ ○ △
2 バッティングゲーム① 体より前で、10回中、 ◎→8回以上打てた ○→5回以上打てた △→3回以上打てた		体より前でボールを打つ	月　　日 ・ ・ ・ できばえ ◎ ○ △
3 バッティングゲーム② 打たれたボールを、 ◎→正面で捕ることができた ○→捕ることができた △→ボールの方向に動いた		ボールを正面で捕る	月　　日 ・ ・ ・ できばえ ◎ ○ △
4 ゲームⅠ（直線型） （5対5） ◎→仲間と協力し、攻撃・守備の両方ともできた ○→片方はできた △→協力してできた		攻：打球に応じて走る場所を判断する 守：捕球後、素早くコーンに集まる	月　　日 ・ ・ ・ できばえ ◎ ○ △
5 ゲーム（ダイヤモンド型） （5対5）守備では、 ◎→自分の役割を理解して、すばやく動くことができた ○→動くことができた △→協力してできた		3点　2点　4点　1点	月　　日 ・ ・ ・ できばえ ◎ ○ △

● 学習カードの使い方：できばえの評価 ●

レベルの評価： ◎よくできた／○できた／△もう少し
※振り返りには、「自分で気づいた点」と「友達が見て気づいてくれた点」の両方を書きます。

③ティーボールを基にした簡易化されたゲーム

上川 晃

1 展開

（1）学習のねらい
　①チーム内の役割を分担し、正確なバッティング、キャッチング、スローイングを身につけ、楽しくゲームができる。
　②チームや自己の課題を設定し、互いに協力して、簡素化されたベースボール型のゲームを、チーム全員で楽しもうとする。
（2）学習のねらいを体現する発問・指示・対話的な活動
　主体的な学びの発問・指示→うまく打つには、どうしますか。
　対話的な学びの発問・指示→点を取られないようにするには、どう守りますか。
　深い学びの発問・指示→自分のチームが、相手に勝つための作戦を立てます。

指示1	太鼓に合わせて、ボールを使っていろいろな準備運動をします。
指示2	2人組をつくりなさい。
説明1	いろいろなキャッチングに挑戦します。相手がキャッチしやすい所に投げます。
指示3	バッティング練習をします。自分がトスしたボールを、相手の所に打ちます。
説明2	相手が動かなくてよいように、打ちます。
指示4	3、4人組で攻守の練習をします。1人はバッティング、あとの人は守備です。
説明3	自分でトスしたボールを打ちます。守備の人は、ボールをキャッチした人の所に走っていき、みんなで「アウト」と言います。これで、バッターがアウトです。
発問1	うまく打つには、どうしますか。
説明4	守備がいない所に、打つとよいのです。
指示5	3対3で、三角ベースのミニゲームをします。「並びっこベースボール」といいます。①ジャンケンで先攻後攻を決めます。②打つチームは、順番に並んで待ちます。③守備のチームは、広がって守ります。④ボールをキャッチした所に全員が集まります。みんなで「アウト！」と言ったら、その時点でバッターアウトです。④打った人が1塁まで走ったら1点、2塁で2点、ホームで3点です。⑤全員が打ったら、攻守交代です。
対話的な活動1	点を取られないようにするには、どう守りますか。
指示6	4対4で、「並びっこベースボール」をします。野球と同じ、四角のベースになります。
説明5	ルールは、三角ベースと同じです。ホームで4点です。全員が打ったら、攻守交代です。
発問2	相手に勝てる作戦を、みんなで立てます。

2 NG事例

（1）一部の男子だけが活躍する。他の子供はあまり体を動かす機会がない。
（2）バッティングができない。得点できないから意欲が下がる。

---

❶指示 太鼓に合わせて、いろいろなボールハンドリングをします。

↓

❷指示 2人組でキャッチボールやバッティング練習をします。

↓

❸発問 うまく打つには、どうしますか。

評価の観点 人のいない所に打つことが大切。

↓

❹発問 ゲームで、点を取られないようにするには、どう守りますか。

評価の観点 前後左右に隙間がないように守る。声をかけ合って、キャッチする。それらができているか。

↓

❺発問 「並びっこベースボール」で相手に勝つための作戦を立てます。

評価の観点 みんなが楽しく動けたか。協力して作戦が成功したか。

↓

❻学習カードで評価する
□成果の確認をする。
□課題の把握をする。

×は❸へ

3 場づくり

準備物／軟式テニスボール、テニピン用段ボール製ラケット（いずれも1人に1つ）

※体育館でも運動場でも可能。ボールとバット（ラケット）については、何種類か用意する。

（1）「習得の段階」……『個人技能』1人・2人で基本的なボールハンドリングやバッティングを習得する。

ボールを扱いながら、いろいろ動きに慣れさせていく。

（2）「活用の段階」……『個人技能＋集団技能』3〜5人で、タスクゲームを行う。

打つこととキャッチすることの両方の練習をする。守備範囲を考えて守る。

（3）「探究の段階」……『集団技能』チーム対抗の「並びっこベースボール」をする。

・3対3の三角ベースと4対4の四角ベースのゲームを行う。
・ボールやバット（ラケット）は選択可。

三角ベース

四角ベース

4 協働的な学びをつくる体育的コミュニケーション

子供の実態は、技能差が大きい。それらの差を埋めるためにも、次のような工夫をする。① 準備運動の段階から、ボール慣れをはかる。② テニピンのラケットも含め、自分に合うボールやバット（ラケット）を自由に選択   させる。誰でも打てるようになる。③3対3のゲーム（三角ベース）と4対4の

ゲーム（四角ベース）。次のような利点があるからである。人数が少ないので、何度も打つ・守ることができる。ベースボールに必要な動きが身につく。バッティングやキャッチングのコツやテクニカルポイントが、繰り返すことで身につく。また、ICT機器（タブレット）を使いながら、ゲームで勝つための作戦を、みんなで考えることで、仲間とのコミュニケーションがはかれる。さらに、攻撃の型や守備の型を考えるなかで、チームワークの大切さを感じることができる。

1 低学年 ゲーム・鬼遊び

2 中学年 ゲーム

3 高学年 ボール運動

5　方法・手順

（1）「習得の段階」1人・2人。

ボールを打ったり、キャッチしたりする。

①スローイングとキャッチング。　　　　　②バッティングとキャッチング。

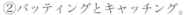

（2）「活用の段階」……3〜4人でタスクゲームをする。

③3人で、交代しながら、打撃と守備の練習をする（ICTの活用も）。

（3）「探究の段階」……「並びっこベースボール」をする。

④3対3の三角ベースで習得した技術を活かして、得点する。

⑤4対4の四角ベースで勝つための作戦を考え、守備に活かす。

※ボールとバット（ラケット）については、選択できるよう数種類を準備する。

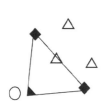  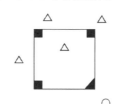 

6　コツ・留意点

（1）自分に合ったボールやバットを選ぶことで、キャッチング、バッティング等のプレイが、簡単にできる。

（2）守備の位置が分かり、ボールが飛んできそうな場所で守ることができる。

（3）ヒットになる場所が分かり、守備の空いている場所に打つことができる。

（4）得点されない守備の仕方を考え、協力して作戦を立てることができる。

（5）勝つための作戦を、協力して考えることができる。

7　ICTを活用した授業プラン

（1）チームのプレイの様子を撮影し、攻守において、得点できる
　　　攻撃や得点されない守備に、修正していく。

（2）タスクゲームの様子を撮影し、バッティングやキャッチングの様子を確認し合い、さらによい動きを取り入れるようにする。

（3）3対3や4対4の、「並びっこベースボール」のゲームの様子を撮影し、相手に勝つための作戦を、協力して考えることができる。

ティボールを基にした簡易化されたゲーム「並びっこベースボール」

年　　　組　　　番（　　　　　　　　　　）

レベル	内容	やり方	振り返り
1 基本的な動き	技と自己評価のポイント （1人で・2人で）キャッチング、バッティング。 ◎→打つ・捕るが正確にできる ○→打つ・捕るがだいたいできる △→あまり成功しない	投げる、捕るの基本を習得する 腰を落としてボールを捕る	月　　　日 ・ ・ ・ できばえ ◎ ○ △
2 タスクゲーム	2対1、または3対1でゲームをする。 ◎→打つ・捕るがいつも成功 ○→だいたい成功 △→あまり成功しない	2対1または3対1で、タスクゲーム 並んで「アウト」	月　　　日 ・ ・ ・ できばえ ◎ ○ △
3 3対3三角ベース 並びっこベースボール1	3対3で、攻守の練習。 ◎→みんなが得点でき、相手の得点をふせげた ○→みんなで協力できた △→あまり上手に協力できなかった	ボールとバットは選択できる 早く集まるとアウトにできる	月　　　日 ・ ・ ・ できばえ ◎ ○ △
4 4対4四角ベース 並びっこベースボール2	4対4のミニゲーム。 ◎→みんなが得点でき、相手の得点をふせげた ○→みんなで協力できた △→あまり上手に協力できなかった	ボールとバットは選択できる 相手のいない所に打つ	月　　　日 ・ ・ ・ できばえ ◎ ○ △

● 学習カードの使い方：できばえの評価 ●

レベルの評価： ◎よくできた／○できた／△もう少し

※振り返りには、「自分で気づいた点」と「友達が見て気づいてくれた点」の両方を書きます。

全動画 ウェブ・ナビゲーション

Web Navigation

パソコンで視聴する場合には、以下のQRコードとURLから、本書の各「学習カード」末尾に掲載したQRコードの全動画にアクセスすることができる。

https://www.gakugeimirai.jp/9784909783998-video

1 低学年　ゲーム・鬼遊び

p.10-13	**的当てゲーム（その1）**

スマートフォン・タブレットで視聴の場合はこちら ➡

p.14-17	**的当てゲーム（その2）**

スマートフォン・タブレットで視聴の場合はこちら ➡

p.18-21	**シュートゲーム(その1)**
スマートフォン・タブレットで視聴の場合はこちら ➡	

p.42-45	**1人鬼**
スマートフォン・タブレットで視聴の場合はこちら ➡	

p.22-25	**シュートゲーム(その2)**
スマートフォン・タブレットで視聴の場合はこちら ➡	

p.46-49	**手つなぎ鬼**
スマートフォン・タブレットで視聴の場合はこちら ➡	

p.26-29	**相手コートにボールを投げ入れるゲーム(その1)**
スマートフォン・タブレットで視聴の場合はこちら ➡	

p.50-53	**氷鬼**
スマートフォン・タブレットで視聴の場合はこちら ➡	

p.30-33	**相手コートにボールを投げ入れるゲーム(その2)**
スマートフォン・タブレットで視聴の場合はこちら ➡	

p.54-57	**宝取り鬼(その1)**
スマートフォン・タブレットで視聴の場合はこちら ➡	

p.34-37	**攻めがボールを打ったり蹴ったりして行うゲーム(その1)**
スマートフォン・タブレットで視聴の場合はこちら ➡	

p.58-61	**宝取り鬼(その2)**
スマートフォン・タブレットで視聴の場合はこちら ➡	

p.38-41	**攻めがボールを打ったり蹴ったりして行うゲーム(その2)**
スマートフォン・タブレットで視聴の場合はこちら ➡	

p.62-65	**ボール運び鬼**
スマートフォン・タブレットで視聴の場合はこちら ➡	

2 中学年　ゲーム

p.68-71	**ハンドボール**
	スマートフォン・タブレットで視聴の場合はこちら

p.84-87	**タグラグビー**
	スマートフォン・タブレットで視聴の場合はこちら

p.72-75	**ポートボール**
	スマートフォン・タブレットで視聴の場合はこちら

p.88-91	**フラッグフットボール**
	スマートフォン・タブレットで視聴の場合はこちら

p.76-79	**ラインサッカー**
	スマートフォン・タブレットで視聴の場合はこちら

p.92-95	**ソフトボールを基にした易しいゲーム**
	スマートフォン・タブレットで視聴の場合はこちら

p.80-83	**フットサル**
	スマートフォン・タブレットで視聴の場合はこちら

p.96-99	**プレルボールを基にした易しいゲーム**
	スマートフォン・タブレットで視聴の場合はこちら

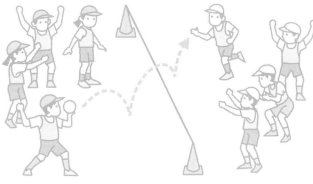

3 高学年　ボール運動

p.154-157	フラッグフットボール（その1）

スマートフォン・タブレットで視聴の場合はこちら ➡

p.158-161	フラッグフットボール（その2）

スマートフォン・タブレットで視聴の場合はこちら ➡

p.162-165	ソフトバレーボール（その1）

スマートフォン・タブレットで視聴の場合はこちら ➡

p.166-169	ソフトバレーボール（その2）

スマートフォン・タブレットで視聴の場合はこちら ➡

p.170-173	プレルボール

スマートフォン・タブレットで視聴の場合はこちら ➡

p.174-177	バドミントン（その1）

スマートフォン・タブレットで視聴の場合はこちら ➡

p.178-181	バドミントン（その2）

スマートフォン・タブレットで視聴の場合はこちら ➡

p.182-185	テニス（その1）

スマートフォン・タブレットで視聴の場合はこちら ➡

p.186-189	テニス（その2）

スマートフォン・タブレットで視聴の場合はこちら ➡

p.190-193	ソフトボールを基にした簡易化されたゲーム（その1）

スマートフォン・タブレットで視聴の場合はこちら ➡

p.194-197	ソフトボールを基にした簡易化されたゲーム（その2）

スマートフォン・タブレットで視聴の場合はこちら ➡

p.198-201	ティーボールを基にした簡易化されたゲーム

スマートフォン・タブレットで視聴の場合はこちら ➡

あとがき

「個別最適な学びと協働的な学びの一体化」が言われている。

　個別最適な学びについては、これまでにも言われ、行われてきた。課題は一体化をどのようにするのか、ということである。

　本書、そして本シリーズの特長は学習カードの工夫と動画の導入である。

　体育科においては、運動が「できる」ことと同様に、「分かる」ことも大切である。

　体育科における「分かる」とは次のような状態であると考えている。

　　①運動の技能的なコツや動きのイメージをつかむこと
　　②自分や友達の動きを分析して課題が分かること
　　③課題を克服するための手段や練習方法が分かること

　お互いに方法やコツを伝え合う。友達との関わりが生まれる。アドバイスにより技が高まるような学習ができる。以上はおもに「個別最適な学び」の指導である。

　一方、本書『ゲーム・ボール運動編』では「協働的な学び」についての実践が紹介されている。

「協働的な学び」とは、「本書の使い方」でも述べたとおり、探究的な学習や体験活動などを通じて子供同士、あるいは多様な他者と協働しながら、持続可能な社会の創り手になることができる資質・能力を育成することである。

　算数や国語ができない子供の思いと、体育ができない子供の思いは質が異なる。体育の場合のできなさは、算数や国語のできなさに比べて、明るさがある。体育の場合、「何とかなる」という明るさである。

　これも「本書の使い方」で述べたとおりだが、体育には「自分１人ではできないが、みんなと一緒に運動すれば自分もできる」という特性がある。その根底には「みんなと一緒に運動すると楽しい」という思いがある。

　本書では体育における協働的な学びを「体育的コミュニケーション」と名付けた。体育的コミュニケーションには、「競争があることで盛り上がる」という特性がある。協働的な学びを「ゲーム性」としてとらえ、「競争する」「助け合う」などの経験を通じて子供同士が相手を理解し、共感し、励まし合っていく。そして広く、深く、楽し

く学び合うことができる「ゲーム・ボール運動」は、「体育的コミュニケーション」の学習に最適である。

　本書では、そうした体育固有の楽しさや協働的な学びの方法を具体的に示し、探究の過程での集団づくりにおける、工夫に満ちた指導の実践例が紹介されている。

　本書をまとめるにあたり、学芸みらい社の樋口雅子氏には教科担任制に向けた専門性に応える必要性を、学芸みらい社社長小島直人氏には動画を取り入れる必要性をご指導いただいた。佐藤大輔氏（栃木県公立小学校教諭）、渡部恭子氏（学芸みらい社編集部）には動画作成でご協力をいただいた。

　本シリーズは終息の見えないコロナ禍のもとで編まれた。第3巻となる本書もまた、新たなコロナウイルスが蔓延しつつある状況下での編集作業となった。動画制作にあたっては諸々の困難があり、動画を制作してくださったご執筆者の先生方に厚く御礼を申し上げるとともに、マスク着用での動画もあること、読者諸賢の皆さまのご理解、ご海容をお願い申し上げる次第である。

　ご協力をいただいた皆様に深く感謝申し上げたい。

2022年4月30日

根本正雄

根本正雄（ねもと・まさお）

1949年、茨城県生まれ。千葉大学教育学部卒業後、千葉県内の小学校教諭・教頭・校長を歴任。「楽しい体育授業研究会」代表を務めるとともに「根本体育」を提唱。現在は、「誰でもできる楽しい体育」の指導法を開発し、全国各地の体育研究会、セミナー等に参加し、普及にあたる。

主な著書・編著書に以下がある。

『さか上がりは誰でもできる』『体育科発問の定石化』『習熟過程を生かした体育指導の改革』『体育の基本的授業スタイル──1時間の流れをつくる法則』（以上、明治図書）、『世界に通用する伝統文化　体育指導技術』『全員達成！魔法の立ち幅跳び──「探偵！ナイトスクープ」のドラマ再現』『運動会企画──アクティブ・ラーニング発想を入れた面白カタログ事典』『発達障害児を救う体育指導──激変！感覚統合スキル95』『動画で早わかり！「教科担任制」時代の新しい体育指導──器械運動編』『動画で早わかり！「教科担任制」時代の新しい体育指導──体つくり運動・陸上運動編』『イラストで早わかり！超入門　体育授業の原則』『体育主任のための若い教師サポートBOOK──体育指導・ここがポイント100』（以上、学芸みらい社）、『0歳からの体幹遊び』（冨山房インターナショナル）。

編者紹介

執筆者一覧

根本正雄	楽しい体育授業研究会代表	若井貴裕	滋賀県公立小学校
川口達実	富山県射水市立小杉小学校	佐藤貴子	愛知県公立小学校
佐藤大輔	栃木県公立小学校	本吉伸行	大阪府摂津市立鳥飼小学校
小野宏二	島根県公立小学校	髙橋智弥	埼玉県公立小学校
井上　武	愛媛県公立小学校	盛岡祥平	石川県公立小学校
近藤恭弘	徳島県公立小学校	上川　晃	三重県伊勢市立浜郷小学校
黒田陽介	東京都青梅市立第一小学校	工藤俊輔	埼玉県公立小学校
東條正興	柏市立手賀西小学校	石神喜寛	千葉県公立小学校
高橋久樹	三重県伊勢市立明倫小学校	三好保雄	山口県宇部市立恩田小学校
金子真理	高知県横内小学校	柏倉崇志	北海道士別市立士別小学校
大松幹生	京都府公立小学校	辻　拓也	愛知県常滑市立鬼崎中学校
小野正史	北海道真狩村立真狩小学校	小笠原康晃	静岡県公立小学校
角家　元	北海道公立小学校	河野健一	千葉県我孫子市立我孫子第三小学校
三島麻美	島根県公立小学校	木田健太	愛知県公立小学校
飯間正広	香川県丸亀市立郡家小学校	石橋禎恵	広島県東広島市立板城小学校
橋本　諒	静岡県公立小学校	松本一真	愛媛県公立中学校
伊藤篤志	愛媛県公立小学校	岡　城治	茨城県公立小学校
佐藤結斗	東京都公立小学校	谷口修康	兵庫県公立小学校
中嶋剛彦	島根県公立小学校	岡　拓真	宮城県東松島市立矢本第一中学校
熊倉史記	新潟県東中野山小学校	大中州明	奈良県香芝市立旭ケ丘小学校
表　克昌	富山県公立小学校	髙玉ひろみ	北海道公立中学校

動画で早わかり！

「教科担任制」時代の新しい体育指導
ゲーム・ボール運動 編

GAKUGEI
MIRAISHA

2022年6月5日　　初版発行

編著者　　根本正雄
発行者　　小島直人
発行所　　株式会社 学芸みらい社
　　　　　〒162-0833 東京都新宿区箪笥町31番 箪笥町SKビル3F
　　　　　電話番号：03-5227-1266
　　　　　HP：https://www.gakugeimirai.jp/
　　　　　E-mail：info@gakugeimirai.jp
印刷所・製本所　　藤原印刷株式会社
ブックデザイン　　吉久隆志・古川美佐（エディプレッション）
校　正　　境田稔信
本文イラスト　　げんゆうてん（p.15,16,17,19,20,21,23,24,25,27,28,29,31,32,48,49,55,63,64,65,73,74,75,77,78,79,81,82,83,
85,86,87,89,97,98,99,109,111,113,114,115,117,127,129,151,153,156,159,160,161,163,164,
165,179,180,181,183,185,187,188,189,191,192,193）